NHKガッテン!

一生作り続けたい わが家の基本おかず 100

科学の力でおいしくなった
〝一生もの〟の名作おかず!

NHKのテレビ番組「ガッテン!」は、
さまざまな食材や家庭料理に着目し、
どうしたらもっとおいしく食べられるか、
これまで数えきれないほどの実験や
検証をくり返し、お伝えしてきました。

本書は、そんな中から、とくに家庭で
人気のある〝定番おかず〟を集めて収録。
「毎日の料理だからこそ、
おいしく楽しく食べてほしい!」
番組制作班の思いの詰まったレシピの数々です。

「いつもよりおいしい!」という
家族の喜びの声が、みなさまの食卓に響く
一冊になれば幸いです。

主婦と生活社
雑誌「NHKガッテン!」編集班

ぶりの照り焼き

今までのやり方
両面をしっかりと焼く
ガッテン流は、14ページ！

卵焼き

今までのやり方
卵の表面が乾いてから巻く
ガッテン流は、36ページ！

カツ丼

今までのやり方
卵を入れたらすぐに火を止める
ガッテン流は、74ページ！

さばのみそ煮

今までのやり方
中火でコトコト10分程煮る
ガッテン流は、16ページ！

今までのやり方とは、驚くほど違う！

「科学の知恵」を使うから、

ガッテン流は、基本おかずがもっとおいしくなる！

麻婆豆腐

今までのやり方
豆腐とスープをよく混ぜる
➡ガッテン流は、110ページ！

おでん

今までのやり方
じっくり時間をかけて煮込む
➡ガッテン流は、160ページ！

ポークソテー

今までのやり方
両面をしっかり焼く
➡ガッテン流は、100ページ！

レバニラ炒め

今までのやり方
レバーをよく炒める
➡ガッテン流は、118ページ！

本書が料理をもっとおいしくする**5つのスゴいワケ**

わが家の基本おかずが、

ガッテンの知恵を盛り込んだ、本書の活用ポイントをご紹介。
ガッテン流のコツ、仕上げまでの流れが一目瞭然で、今すぐカンタンに作れます！

スゴいワケ 1

今までのやり方を、見直したくなる理由がわかる！

科学の視点で、じつはおいしさを損なっていたり、栄養をとり逃す原因になっている、ついついやりがちな調理法を解説。

ひと手間かけてプロの味に！

仕上げの油で豆腐の食感も変える！

麻婆《マーボー》豆腐

2006年9月13日放送「大発見！ マーボー豆腐 激うま調理術」より

「科学の知恵」でガッテン流は**極うま**になる！

脂と油の認識を変えて、ぷるるん食感にレベルアップ！

主婦とプロの作り方を比べてみると、まず違うのが、肉を炒める時間。「炒めすぎてはいけない」と、さっと炒めている人が多いようですが、じつは、最初に肉をしっかりと炒めることで、コクの出方がまったく違うことがわかりました。目安は肉の色ではなく、脂の色。プロは脂の色が透明になるまで炒めます。

また、豆腐を煮る際かき混ぜすぎないのが、型くずれせず、味がしっかりしみ込むコツです。そしてプロが最後に加えるのが化粧油といわれる仕上げの油。油を加えることで沸点が上がり、豆腐のたんぱく質の構造が変化するため、クリーミーでぷるるんと弾力のある食感となるのです。

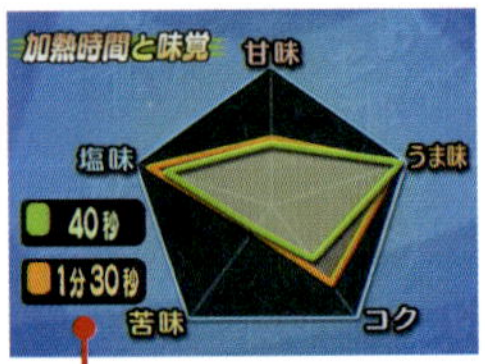

肉の炒め時間が40秒と1分30秒のソースを味覚センサーで比較したところ、炒め時間が長いほうがコクは1.5倍もアップした。

110

スゴいワケ 2

なぜガッテン流はおいしくなるのかを、「科学の知恵」で、とことん解説！

ガッテン流の根拠となる科学的なデータや実験内容をわかりやすく解説。番組制作班が、とことんおいしさを追求した英知の結集です。

驚くほど、変わります！

スゴいワケ 3

ガッテン流のコツを、プロセス写真付きでていねいに、わかりやすく紹介！

作り方は、写真付きでていねいに紹介。また「今までのやり方」とは決定的に違う、「ガッテン流」については、とくに強調。下線部分は、必読です！

第4章 加熱ワザで、ラク〜に極うま！　中国・韓国料理

材料〔2〜3人分〕

木綿豆腐（1cm角に切る）……1丁
豚ひき肉……100g
豆板醤《トウバンジャン》……大さじ1½
甜麺醤《テンメンジャン》……大さじ1½
A（合わせておく）
- 鶏がらのスープ……大さじ4
- 酒……大さじ1強
- しょうゆ……大さじ1½

水溶き片栗粉
……片栗粉と水各大さじ2
サラダ油……大さじ3
花椒《ホワジャオ》（お好みで）……少々

・1人分の栄養データ・
エネルギー：320kcal　脂質：22.9g　塩分：4.0g

作り方

ひき肉をよ〜く炒めて最後に化粧油を加える

1 中華鍋を1分間強火で加熱したら、油大さじ1を入れる。

ここがガッテン流！

1〜2分間

2 中火にして、ひき肉と油大さじ1を入れて、肉の脂が透き通るまで1〜2分間しっかりと炒める。

ここで入れる油は肉の焦げつき防止と脂を引き出す役割。しっかりと炒めることでコクを引き出す。

3 豆板醤と甜麺醤を加えて、約20秒間、全体が同じ色になるまで炒める。

4 Aを回し入れて混ぜたあと、豆腐を加える。火を少し弱めて、豆腐の水分をとばすように1分間煮る。このとき、かき回さずにほうっておくこと。

5 好みで花椒を入れ、水溶き片栗粉4回くらいに分けて入れる。

ここがガッテン流！

6 仕上げに油大さじ1を化粧油として加えて、強火で40秒間ほどグツグツ煮たら火を止める。

油を足すことで、豆腐がやわらかくなる。また、水溶き片栗粉を入れたあとにすぐに火を止めず、強火で加熱することで、モサモサしたスープにならず、食感なめらかなとろみもつく。

今までのやり方

ひき肉は色が変わる程度にさっと炒める

じつは、肉の脂の色が変わるまでしっかり炒めないと、肉のコクと風味は十分に引き出せない。

豆腐とスープをよく混ぜる

豆腐がくずれて小さくなってしまい、ぷるるん食感が味わいにくくなってしまう。

豆腐・ひき肉

111

スゴいワケ 4

ポイントとなる加熱時間や、調理時間の目安を表記

ガッテンが実験を重ねて発見した、成功の秘訣となる加熱時間や、料理中に参考になる、調理時間の目安を写真の左下に掲載。

スゴいワケ 5

実験データや、研究結果を示すグラフや画像で、さらにガッテン！

番組による調査や実験結果、専門家の協力、監修、提供による科学的な根拠となるデータを、図表や画像で紹介。

レシピの表記について

- ●計量の単位は1カップが200mℓ、大さじ1が15mℓ、小さじ1が5mℓとなっています。
- ●材料は、基本的に2人分としていますが、4人分や、作りやすい分量で紹介したものもあります。
- ●各レシピに出てくる調理時間や時間経過については、調理器具の大きさ、材質、火力の強さなどで変わってきます。あくまで目安と考え、適宜、調整をしてください。
- ●電子レンジの加熱時間も、機種やワット数によって変わってきますので、適宜、調整してください。
- ●各レシピにエネルギー（熱量）、脂質、塩分のデータをつけています。『日本食品標準成分表2015』をもとに算出しています。

NHKガッテン！
一生作り続けたい
わが家の基本おかず100
もくじ

第1章
名作ワザで、ラク～に極うま！
やさしい和のおかず

第2章

常識破りで、ラク〜に極うま！

わが家の定番大人気おかず

第3章

素材のうまみを引き出して、ラク〜に極うま！

洋食屋さんのごちそうおかず

第4章

加熱ワザで、ラク〜に極うま！

中国・韓国料理

第5章

科学の裏ワザで、ラク〜に極うま！

麺類・ご飯・パン・ピザ

第6章

甘み、うまみ、コク、食感、香りを生かしきり、ラク～に極うま！

鍋物・汁物

第7章

〈特別収録〉調理効率、味ともにアップ！

ガッテン流 科学の驚き調理㊫ワザ集

調理(楽)ワザ1 (得)冷凍術

「ガッテン！」放送時間
NHK総合　毎週水曜日午後7時30分～8時15分
公式ホームページ　nhk.jp/gatten

本書は、NHK総合テレビ「ためしてガッテン」「ガッテン！」で放送された内容をもとに、編集部での追加取材を加えて構成したものです。

※本書は当社刊行物『NHKためしてガッテン くり返し作りたいおかずの「超」基本』『NHKためしてガッテン 定番おかずの「超」基本』『NHKためしてガッテン 冷凍で節約 おかずの「超」基本』ならびに、雑誌『NHKガッテン！』（旧誌名『NHKためしてガッテン』）に掲載した記事を厳選し、さらに新しいレシピ・記事も加え、再編集したものです。
※本書の情報は2017年4月現在までのものです。

第1章

名作ワザで、ラク〜に極うま！

やさしい
和のおかず

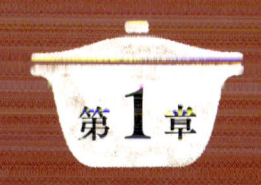

煮ものじゃなくて、“炒め蒸し”でホクホク仕上がり！

肉じゃが

いつもより
約15分早くて、
絶品の味に！

2002年9月25日放送「永久保存版！ 肉じゃが自由自在」より

「科学の知恵」で
ガッテン流は極うまになる！

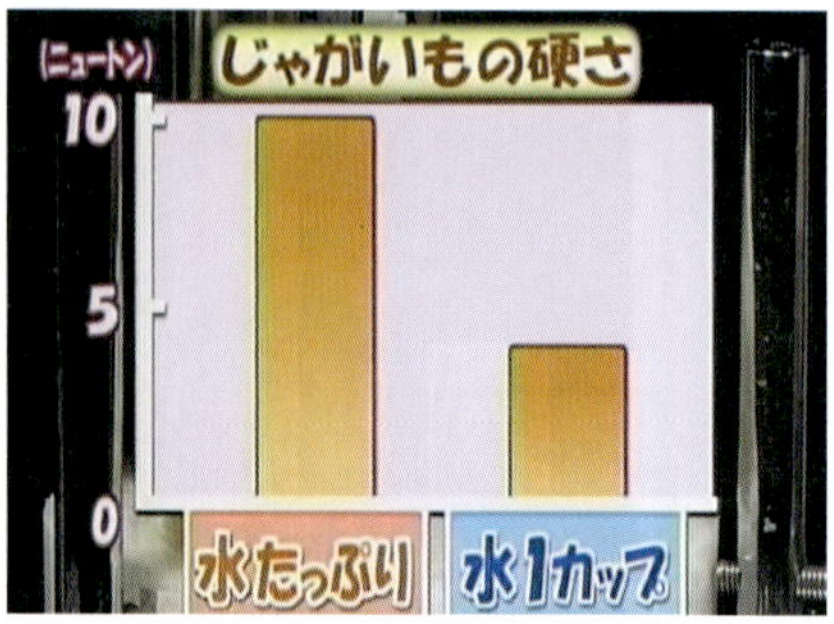

じゃがいもをたっぷりの水と1カップの水でふたをして強火で10分加熱してみると、1カップの水で加熱したほうが中まで火が通った。

たっぷりの水と1カップの水、早く煮えるのは？

達人は肉じゃがを作る際、1カップの水だけで、20分で仕上げていました。これでしっかりじゃがいもに火が通るの？そこで番組では、600gのじゃがいもを「たっぷりの水」と「1カップの水」に入れ、ふたをして強火で加熱してみると、10分後、1カップの水のほうは水がなくなり、中まで火が通っていました。一方のたっぷりの水の場合は、まだかたいまま。

じつはふたをして加熱すると、蒸気による「凝縮熱」がじゃがいもに伝わり、少ない水でも短時間で十分火は通ります。達人は、じゃがいもをいわば炒め蒸しにして、肉じゃがを仕上げていたのです。

材料〔4人分〕

牛切り落とし肉……………………200g
じゃがいも（4つ割り）…………600g
玉ねぎ（薄切り）………1個（250g）
砂糖・みりん……………各大さじ1
しょうゆ……………………大さじ2½
水………………………………1カップ
サラダ油……………………大さじ1
青み野菜（絹さやなどお好みで）……適量

・1人分の栄養データ・
エネルギー：333kcal　脂質：16.4g　塩分：1.7g

今までのやり方

煮汁がなくなるまで じっくりと煮込む

時間がかかるうえ、味もそれほどしみ込まない。

作り方

強火で15分炒め蒸しする

フライパンに油を熱し、強火で玉ねぎを炒める。

肉、砂糖、みりん、しょうゆを加えてさらに炒める。

ここで最初に肉にしっかりと味をつけ、全体の味を決めてしまうのが、ポイント。

じゃがいもを平らにのせる。水を加えてふたをし、強火でそのまま5分間加熱する。

火を止めて、上下を返すように混ぜ、再びふたをして、強火で5分間加熱。再び混ぜる。

火を止めてふたをし、5分間蒸らす。

6 器に盛って、お好みで青みを添える。

仕上がり自由自在！

肉じゃが早見表

肉じゃがは、味や仕上がりの状態の好みが人によってバラバラです。そこで、ここでは自分好みに仕上げられる方法をご紹介します。

◉煮崩れ

煮崩れさせたい場合

　じゃがいものでんぷん量が多いと煮崩れしやすいのですが、品種を問わず、煮るときに水の代わりに熱湯を注いで煮込みます。じゃがいもの細胞をつなぐペクチンは100℃以上で壊れてしまうからです。また、じゃがいもを小さく切るとより崩れやすくなります。

煮崩れさせたくない場合

　じゃがいもと水を入れて沸騰させないように、弱火で10分加熱すればOK。煮込む前に弱火で加熱すれば（60〜70℃をキープ）、細胞間の結合が強くなるため、強火で再加熱しても細胞が壊れにくくなります。

◉しみ込み

味をしみ込ませたい場合

　味は煮ている間ではなく、ゆっくりと冷めていく間にしみ込んでいきます。じゃがいもに火が通る寸前で火からおろし、鍋全体を新聞紙とタオルで包んで30分を目安に余熱で火を通します。

味がしみ込んでいなくてもいい場合

　味はしみていないけど、まわりにしっかり味がついている肉じゃがは、ガッテン流レシピで作れます。

◉汁け

汁けがほしい場合

　汁のあるなしは、残った汁をよそうかよそわないかと考えることができますが、ガッテン流レシピでも水の量を2〜3カップに変えることで汁ありの肉じゃがになります。

汁けはいらない場合

　ガッテン流のレシピで作れます。

うまみたっぷりの脂は、小麦粉で閉じ込める！

ぶりの照り焼き

材料〔2人分〕

ぶりの切り身（100g）………2切れ
小麦粉………………………………適量
たれ
　しょうゆ・みりん・酒
　　……………………………各大さじ4

・1人分の栄養データ・
エネルギー：333kcal　脂質：17.7g　塩分：4.0g

作り方

1 粉をまぶす

ぶりの両面に、薄く小麦粉をまぶす。
茶こしを使うとまんべんなくまぶせる。小麦粉が、ぶりの脂やうまみ成分が抜け出るのをガードしてくれる。

2 焼いて ほったらかしにする

フライパンを強火で1分間熱し（予熱）、ぶりを入れる。
天然ぶりの場合は背の脂がとても少なく焦げやすいので、油をひく。

強火で1分間焼く。

ひっくり返してふたをし、中火で1分半焼く。

弱火にして、たれを回しかけ30秒間からめる。

器に盛り、3分間おく（余熱調理）。
加熱時間が短くても、余熱調理をすることで、身が焦げたりぱさついたりせずに、中まで火が通る。

今までのやり方

たれに漬け込む
焦げつく原因になってしまう。

両面をしっかりと焼く
脂が流出しやすく、また焦げやすい。

2006年12月13日放送「ブリ！ 驚異のおいしさUP術」より

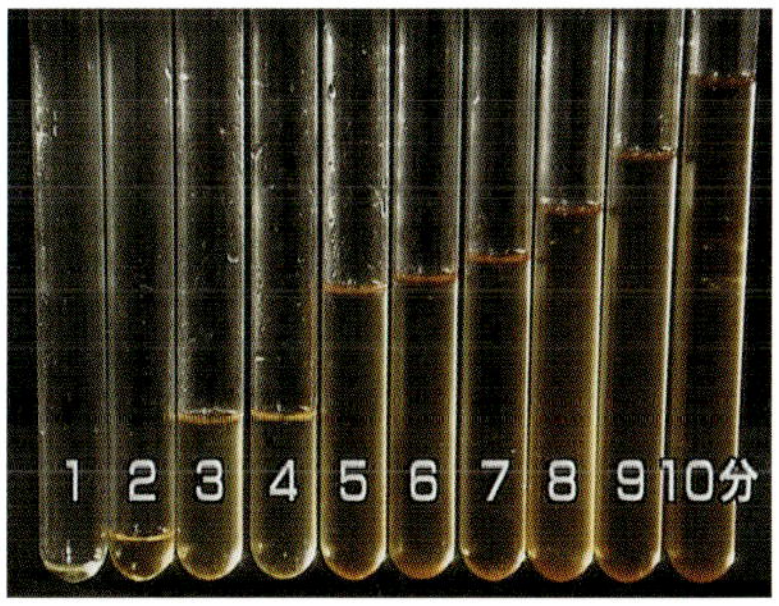

加熱時間が5分を過ぎると、切り身の温度が溶解温度を超えて、著しく脂が流出する。

「科学の知恵」でガッテン流は**極うま**になる！

ぶりの脂は5分を境に、一気に流出！

ぶりを1～10分まで1分刻みに加熱して、出てきた脂を試験管に集めてみました。すると、加熱時間が5分を超えたところから脂の流失量が一気に増加。これは、ぶりの結合組織を形成しているコラーゲンが溶解し、脂肪細胞から脂肪が溶け出てくるため。

この流出を防いでくれるのが小麦粉。焼いた切り身の脂の含有量を測定すると、表面に小麦粉をつけた場合には加熱前の80％が残っていたのに対し、小麦粉なしでは52％しか残っていなかったのです。

水から煮て、DHA&おいしさ3割増し!

さばのみそ煮

材料〔4人分〕

さばの切り身(1切れ120g)……4切れ

A

- 水……1½カップ
- 酒……½カップ
- しょうゆ……大さじ4
- 砂糖……80～120g(お好みで)

にんにく(厚めのスライス)……60g

みそ……140g

・1人分の栄養データ・

エネルギー:435kcal　脂質:21.9g　塩分:5.7g

作り方

1 霜降りをする

さばは80～90℃のお湯の中にさっとくぐらせ、すぐに氷水につけてぬめりを取る。

2 水から煮て放置する

ここがガッテン流!

1

直径20～24㎝ほどの深めの鍋に、**A**とさば、にんにくを入れて、落としぶたをしてから強火にかける。

水から魚を入れると味のしみ込みがグンとよくなる。酒も最初から入れると、アルコール効果で味を身に引き入れてくれる。水の量1½カップが、DHAが逃げずに加熱時間を最短にするための水の最低量。にんにくを加えることで臭み消しになるだけでなく、コクもアップする。

2 みそは鍋の煮汁を少しとり、あらかじめ溶いておく。沸騰したら軽くアクを取り、みそを加えて混ぜる。

3

落としぶたをして、強火と中火の間で6分間煮込む。

6分間が、さばに火が通る最小限の時間。1切れが120gを超える場合は7分間、150gを超える場合は8分間、それ以上は30g超えるごとに1分間足す。

4

火を止めて、落としぶたをしたまま10分間おき、余熱で火を通す。

ゆっくりと冷めていく間に味がしみ込んでいく。

今までのやり方

中火でコトコト10分程度煮る

DHAがどんどん煮汁に流出してしまう。

煮汁が沸騰してからさばを入れる

水から煮たほうが、味がしみ込みやすい。

しょうがを入れる

にんにくを使えば臭み消しになるだけでなく、コクもアップ!

2004年9月29日放送「旬の味サバ！ DHA&うまさ一挙両得術」より

「科学の知恵」で
ガッテン流は極うまになる！

煮込むほどDHAをムダにしている!?

さばに含まれているDHA（ドコサヘキサエン酸）は、血液サラサラ、認知症改善、視力回復などの健康効果が期待されています。しかし、さばを加熱すると、身が収縮してしまうため、DHAが煮汁に流れ出し、さらに加熱を続けるとその一部が酸化分解により壊れてしまうのです。

これを防ぐには、沸騰してからではなく、水からさばを入れるのがコツ。短時間加熱でも味のしみ込みがよいことに加え、DHAを3割も多く残すことができます。

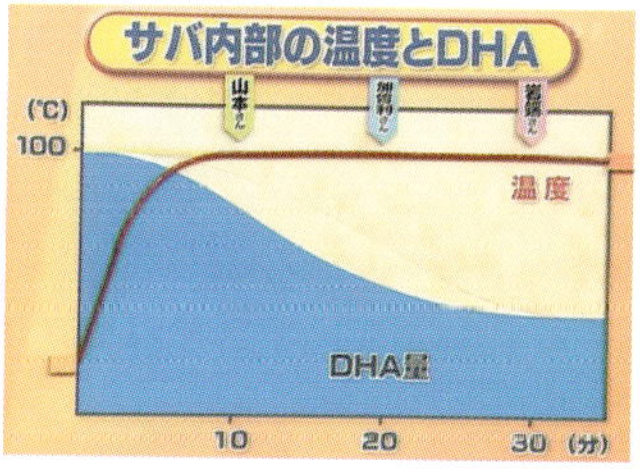

加熱時間が長ければ長いほど、DHAの流出量が多くなる。

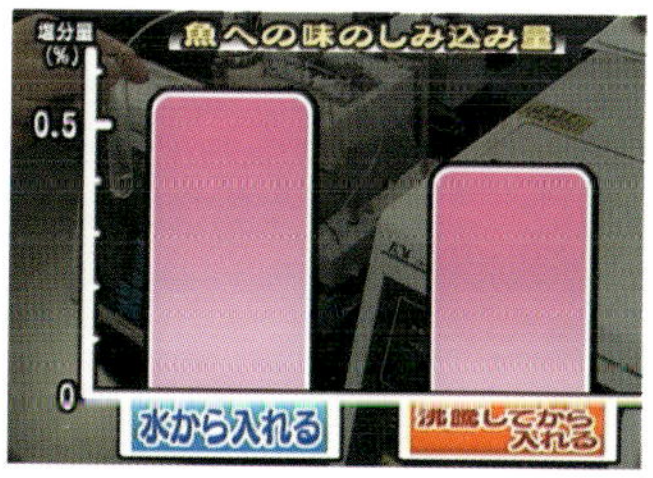

水から魚を入れて煮ると、味のしみ込み具合が1.3倍もよくなる。

さば

ガッテン技で、やわらかくゆでたいかを2品に

いかのやわらか煮

いかのあっさり煮・ゲソのともあえ

材料〔作りやすい分量〕

いかのあっさり煮

いか（生食用の胴）……………………1ぱい
片栗粉……………………………大さじ1
ごぼう（ささがき）……………………12㎝
にんじん（6㎜のせん切り）…………6㎝
きゅうり（6㎜のせん切り）…………1本
三つ葉（食べやすく切る）……………⅓束
A
［だし汁………1¾カップ（350㎖）
　酒・薄口しょうゆ……各大さじ2
針しょうが……………………1かけ分

ゲソのともあえ

いかの足（まるごとゆでたもの）・
　いかの肝（生）…………各1ぱい分
酒…………………………………大さじ½
しょうゆ…………………………小さじ1
青ねぎ（小口切り）・七味唐辛子
…………………………………………各適量

・いかのあっさり煮の全量の栄養データ・
エネルギー：226kcal　脂質：1.2g　塩分：4.8g

・ゲソのともあえの全量の栄養データ・
エネルギー：116kcal　脂質：1.2g　塩分：1.6g

作り方

1 いかを丸ごとゆでる

いかは内臓を取り出し、皮はむかずに胴体とゲソ（足）に分ける。鍋にいかがつかる程度の水（分量外）を入れ、いかを入れる。胴の中に水が入るようにしてから、点火する。

2 胴がふくらんできたら、引き上げる

まずゲソが動き始め、胴が丸くふくらんでくる。胴の全体が丸みを帯びてきたら、ゲソとともに引き上げる。

※いかを引き上げる目安は、1.5ℓの水でおよそ3分半ですが、火力や鍋の材質で変わるので、見た目を優先してください。

※この状態で切っただけで、しょうがじょうゆなどにつけておいしくいただけます。ほかの料理にも活用OK。

3 あっさり煮を作る

胴を5㎜幅に切り、片栗粉を薄くまぶす。

鍋にAを温め、ごぼう、にんじん、きゅうりを入れて火が通るまで加熱する。

火が通ったら三つ葉を入れ、いかを加えてひと混ぜしたら、火を止める。器に盛り、針しょうがをのせる。

4 ともあえを作る

肝を、ざるで裏ごしする。

小鍋に肝と酒、しょうゆを入れて、混ぜながらねっとりするまで加熱する。火を止めて、食べやすい大きさに切ったゲソを入れてあえる。器に盛って、青ねぎと七味をふる。

丸ごと
加熱で
プロの味に
今までのやり方
切ってからゆでる
身が反り返り、かたくなりやすい。

2008年7月23日放送「漁師直伝！イカ美味追求の旅スペシャル」より

「科学の知恵」で
ガッテン流は極うまになる！

丸ごとゆでれば身も皮もやわらかく

いかは、身の内部がちょうど60℃になったときが一番やわらかくなります。そこで、輪切りのいかを、内部温度が60℃のところで引き上げると、皮が先に縮んで身を引っぱり、反り返ってしまいました。これが、いかを煮るとかたくなってしまう原因。

でも切らずに丸ごとゆでれば、皮同士が引っぱり合いません。水から入れて熱を通し、いか全体が丸くふくらんだときが、ちょうど60℃になった目安。ここで引き上げれば、やわらか〜く仕上がります。

丸ごと
切ってから

丸ごとゆでたものと、切ってからゆでたものを比較すると、その差は歴然。身が縮むので食感もかたくなる。

実験協力◎ガス会社「食」情報センター

煮つけないから、コラーゲンを逃さず、ほったらかしでフワフワ!

かれいの煮つけ

いつもより
約5分早くて、
絶品の味に!

今までのやり方

**煮汁が沸騰してから
かれいを入れる**

皮の表面からコラーゲンが流出してしまう。

**煮汁をかけながら
煮込む**

かれいは長時間煮ても味がしみ込まず、身もかたくなる。

2005年4月20日放送「超ヘルシー魚! カレイ新調理術」より

「科学の知恵」で
ガッテン流は**極うま**になる!

かれいは、コラーゲンのかたまりだった!

かれいはほかの魚よりもコラーゲンが豊富で、これが歯ごたえのもとになっています。

全身の筋肉を使って泳ぎまわるため、コラーゲンで筋肉のつながりを強化しているのです。同じ海底で生活をするひらめよりも約3割コラーゲンが多く、筋肉の内側にまで分布しています。

しかしこのコラーゲンには、加熱すればするほど煮汁に流出してしまい、身もかたくなってしまう性質があります。

かれいが最もやわらかい状態になるのは加熱後5分。

加熱はなるべく短時間ですますのが、かれいをおいしくヘルシーに味わうコツです。

かれいは加熱後5分で最も やわらかくなり、その後はかたくなる一方。そこで、加熱は7分くらいでやめ、あとは余熱で火を通す。

データ提供◎福井県立大学教授　水田尚志さん

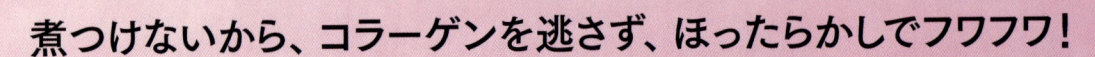

霜降りいらずの
もっとほったらかし!

かれいの煮おろし

材料〔2人分〕

かれいの切り身……2切れ
大根おろし(さっと水洗いして軽くしぼったもの)※……¼本分(200g)
小麦粉……少々
A
- だし汁……1½カップ
- しょうゆ・みりん……各¼カップ
- 昆布……5cm角

三つ葉・七味・揚げ油……適量

※大根のにおいを取る

・1人分の栄養データ・
エネルギー:287kcal 脂質:6.9g 塩分:3.6g

作り方

❶かれいの皮目に×印の切り目を入れて、小麦粉をはたく。

❷170℃に熱した油で、かれいの表面に色がつくくらいに揚げる。

❸Aを煮立たせた中に、かれいを入れ、大根おろしを入れて2～3分間火を通す。三つ葉を加えて火を止め、七味唐辛子を添えてでき上がり。

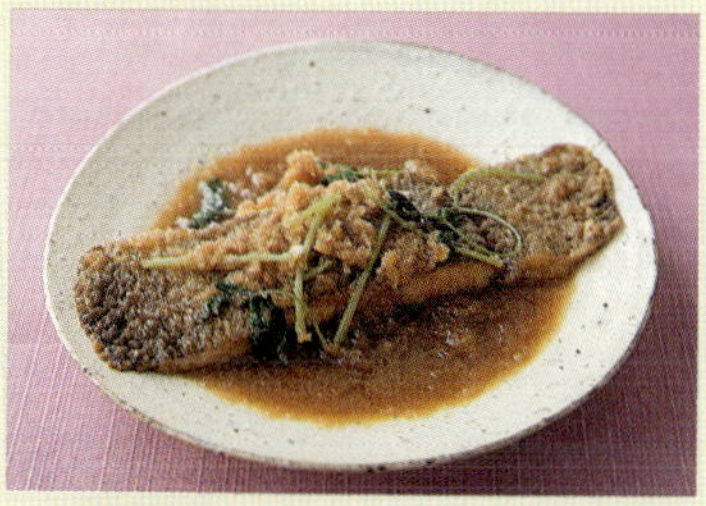

小麦粉をつけて揚げることでコラーゲンの流出を抑えられるので、霜降りも必要なし!

材料〔2人分〕

かれいの切り身(1切れ200g)……2切れ
A
- 水・酒……各1カップ
- しょうゆ……大さじ4
- 砂糖……大さじ1
- 昆布……5cm角

・1人分の栄養データ・
エネルギー:128kcal 脂質:1.3g 塩分:3.5g

作り方

1 霜降りをする

かれいは皮目から中骨に沿って切り目を入れて、80～90℃のお湯の中にさっとくぐらせ、すぐに氷水につけて、うろこやぬめりを取る。卵は火が入りにくいので、切り身から外しておく。

この「霜降り」作業によって、皮の表面が固まり、コラーゲンを閉じ込めることができ、うろこやぬめりも取れやすくなる。

2 水から煮て放置する

鍋に**1**と**A**を入れて、落としぶたをしてから火をつける。

強火で7～8分間加熱する。

これ以上煮ても表面に色がつくだけで、味は中までしみ込まないうえ、コラーゲンが逃げ、身もかたくなる。ただし、強火で煮て5分間たっても沸騰しない場合は、火力が弱いことが考えられるので、加熱時間を1～2分間延ばし、8～9分間加熱する。

火を止めて、落としぶたをしたまま5分間おき、余熱で火を通す。卵はさらに5分間おく。

余熱で中まで火を通すことで、コラーゲンの流出を抑える。煮汁につけながら食べるのがおすすめ。

皮はこんがり、身はジューシー！

さんまの塩焼き

いつもより
約7分早くて、
絶品の味に！

材料〔2人分〕

さんま……………………………………2尾
みりん・塩……………………………適量

・1人分の栄養データ・
エネルギー：297kcal　脂質：23.6g　塩分：0.9g

作り方

1 3分間グリル内を温める（予熱）

2 10倍に希釈したみりんを、さんま全体に塗る

ここがガッテン流！

みりんを塗ることで茶色に変色するため、さんまの焼きすぎを防げる。

※さんまは、冷蔵庫から出したら10分ほどおいておくと、加熱の際7分間で火が通りやすい。

3 塩を適量ふる

4 強火で7分間加熱する

ここがガッテン流！

グリルの少し端に寄せ、熱線の真下におく。

※片面焼きグリルの場合は、表5分間＋裏4分間。

※グリルの機種やさんまの大きさによって焼き時間は多少変わるため、調整してください。

※IHの場合、200gを超える大きなさんまは、8分間の加熱がおすすめ。

5 皿の上に2分間おき、余熱を入れる

ここがガッテン流！

この間に熱が伝わり続け、さんまの中心温度は75℃を超える。

今までのやり方

じっくり、しっかり焦げ目がつくまで焼く

脂と一緒に、うまみも流れ落ちてしまう。

2015年10月7日放送「秋だ！サンマが激うま 本当の食べ方発見SP」より

「科学の知恵」で
ガッテン流は**極うま**になる！

気づかぬうちに、さんまを焼きすぎていた！

番組で焼いているさんまを観察したところ、6分半を過ぎると皮が破れた場所から、脂がふき出し続けていました。そのため身はパサパサでうまみも流出……。そこまで焼かなくても、じつはさんまは内側まで火が通っているのです。ところが平均的な焼き時間は、14分。必要以上に焼いてしまうのは、焼けたかどうかを皮の焼き色で判断しているから。

この焼きすぎを防止してくれるのが「みりん」。化学反応により、きれいな焦げ目がすばやくできます。10倍に薄めたみりんを塗り、7分加熱。

短時間でジューシーに焼けるので、存分にさんまの脂を味わえます。これに事前のグリル予熱3分、焼いたあとにお皿の上に2分おくことで、余熱で熱が伝わり続け、内側まできちんと火が通ります。

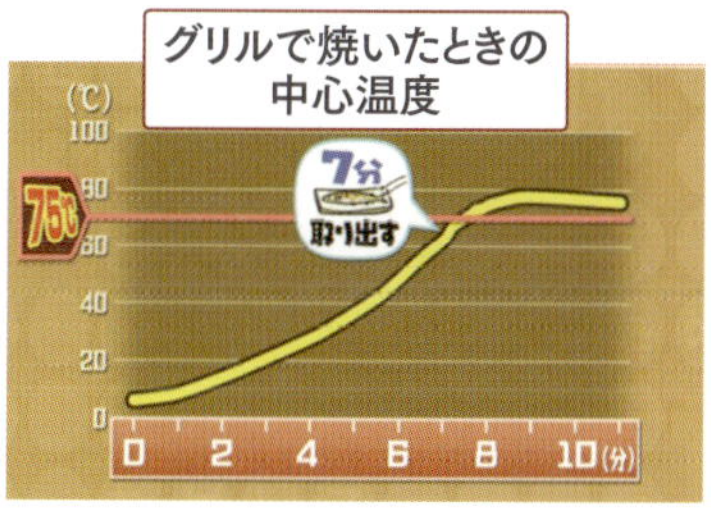

魚が焼けたかどうかは、中心温度が75℃以上を1分間通過したかどうかが基準。7分経過した63℃の時点で取り出すと、お皿においた最後の1分で基準に達する。

測定◎ガス会社「食」情報センター

切り方の工夫で、高級感がぐっとアップ

たこ刺し

ひと手間
かけて高級店
の味に！

材料〔2人分〕

ゆでだこ（足）…………………………2本

・1人分の栄養データ・
エネルギー：149kcal　脂質：1.1g　塩分：0.9g

作り方

1 吸盤部分をまな板に向け、そぎ切りする。切り取った吸盤は、1.5㎝角に切る。

ここがガッテン流！

＼こんな切り方でもOK！／

吸盤部分を横に向け、切り落とす。
慣れないうちは、この切り方で行うと安心。

2 吸盤の反対部分、さらに側面も切り落とす。切り落とした皮は細切りにする。

3 中心部分は、お好みの厚さに切る。

4 下記の合わせだれをつけていただくのがおすすめ。

合わせだれ
おろししょうが大さじ½、しょうゆ・水各大さじ1、米酢・ごま油各小さじ1

今までのやり方

ランダムに切る
どれを食べても同じ食感。

2015年12月2日放送「舌も踊る！タコ新世界」より

「科学の知恵」で
ガッテン流は**極うま**になる！

食感の違いを楽しめる、たこの足の切り方

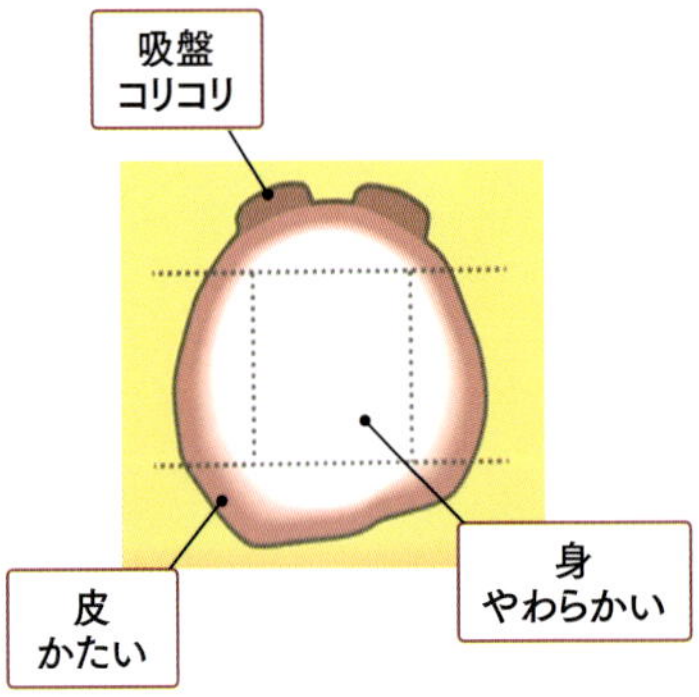
吸盤
コリコリ
皮
かたい
身
やわらかい

切り方を工夫するだけで、ぐっとおいしく、高級感を味わえるたこ刺し。「吸盤」の部分はコリコリの食感。「皮」は粘着性があり、かたく、「身」はやわらかくまったりとしています。

この3つの部位に切り分けるだけで、新しい食感の発見に加え、まるでお店の料理のような味わいを楽しむことができます。

直火であぶれば、臭みが香ばしさに変わる！

かつおのたたき

今までのやり方

冷水で冷やす

アツアツで食べるのが、じつは本場流。

薬味をつけて食べる

かつおの香ばしい香りは十分に堪能できず。

同じ調理時間で本場の味に！

2004年4月28日放送「産地直送！ かつおの極意」より

「科学の知恵」でガッテン流は極うまになる！

材料〔4人分〕

かつお刺身用………1さく（450g）
塩……………………適量

1人分の栄養データ

エネルギー：128kcal　脂質：0.6g　塩分：0.7g

作り方

1 かつおに塩をまんべんなくまぶし、金串を刺す。

2 五徳を外してガスをつけ、炎の中に皮の面を下にしてかつおを入れ、皮が茶色くなるまで焼く。

皮が茶色くなったらおいしさ反応が起こった目安。

3 ひっくり返して、身の表面が白くなるまで焼き、火を止める。

アツアツのうちに食べるのがおすすめ。

金串は熱くなっているので、やけどには十分注意すること。また、コンロはさわれる程度に冷めたらすぐに掃除をしてください。

本場のたたきの香りの正体は？

かつお特有の生臭さは、鉄分がもたらすにおいです。かつおのたたきに薬味を使うのはこのにおいを抑えるためですが、じつは本場高知のたたきは薬味を使わずに食べています。それは、かつおのにおいを香ばしい香りに変えることができるためでした。

本場のたたきが持つ香ばしさを質量分析装置で調べると、2種類の特徴的な物質が検出されました。これは、どちらも食べ物をおいしくする「おいしさ反応」が起きたときに発生する物質。皮を強烈な強火で焼くことが、この「おいしさ反応」を引き出すコツ。この香りこそが、においを上回るうまさとなっていたのでした。

あじのたたき

切り方を変えて、白身と赤身のうまみを両得

材料〔2人分〕

あじ……………………………………1尾
青ねぎ（お好みで・小口切り）
……………………………………適量
青じそ…………………………………適量

・1人分の栄養データ・
エネルギー：87kcal　脂質：2.9g　塩分：0.2g

作り方

1 あじは3枚におろし、皮を取る

2 1枚は背骨と平行に切り分ける

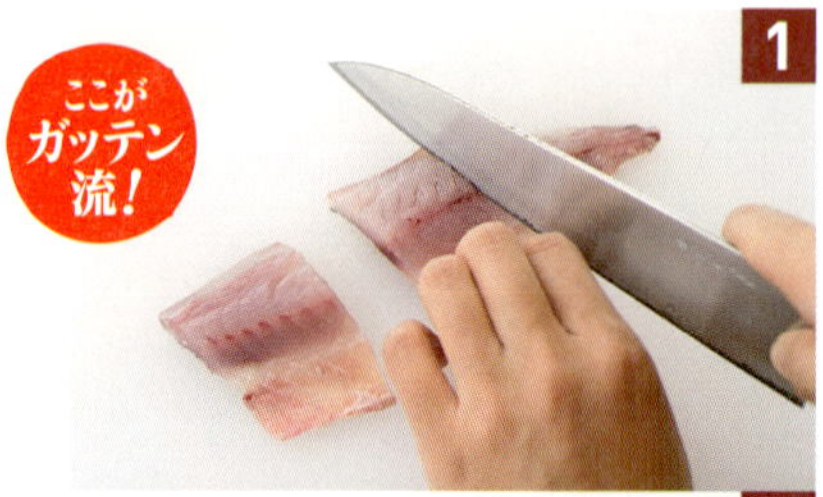

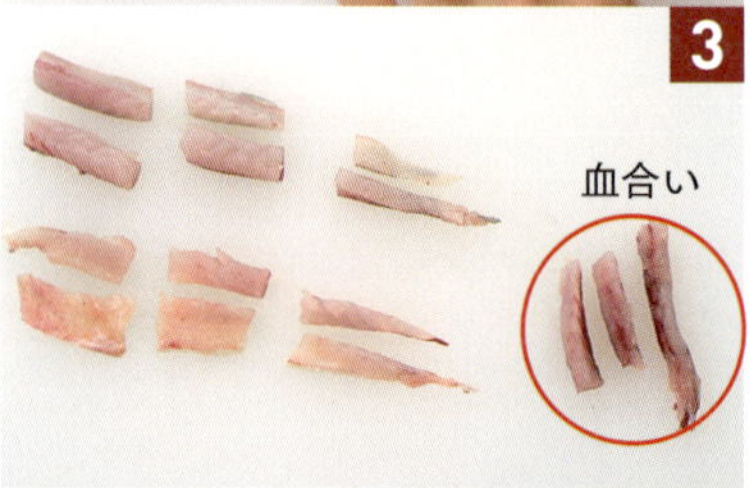

半身1枚は、まず背骨と直角に3つに切り分けたあと、背骨と平行に5等分する（右下 2の切り方 参照）。
※中央の血合いはとっておきます。

3 包丁の背で軽くたたく

血合い以外の身を、包丁の背で軽くたたく。

4 1枚は、背骨と直角に切る

もう1枚は背骨と直角に小さく切り分ける。血合いは取り除かない（右下 4の切り方 参照）。

5 血合いを加え、細かくたたく

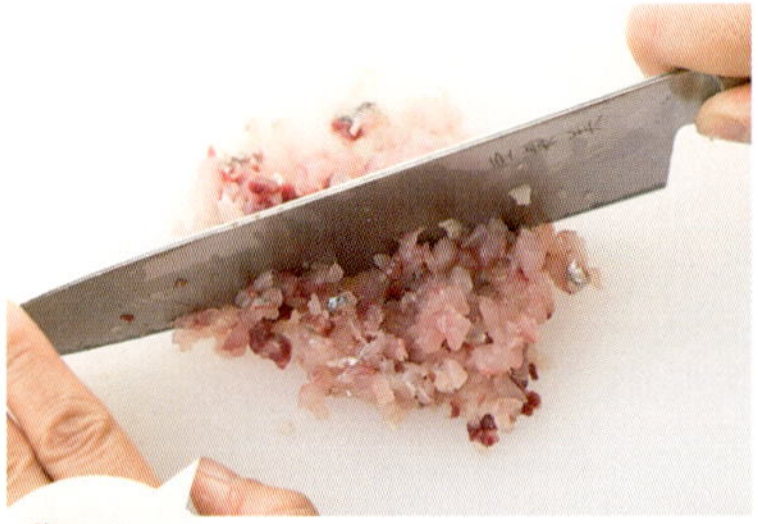

2で除いた血合いを加えて、細かくたたく。

6 3と5をあえる

別々にたたいた身を合わせ、お好みで青ねぎをあえるようにしてなじませ、器に敷いた青じその上に盛る。

作り方2と4の身の切り方

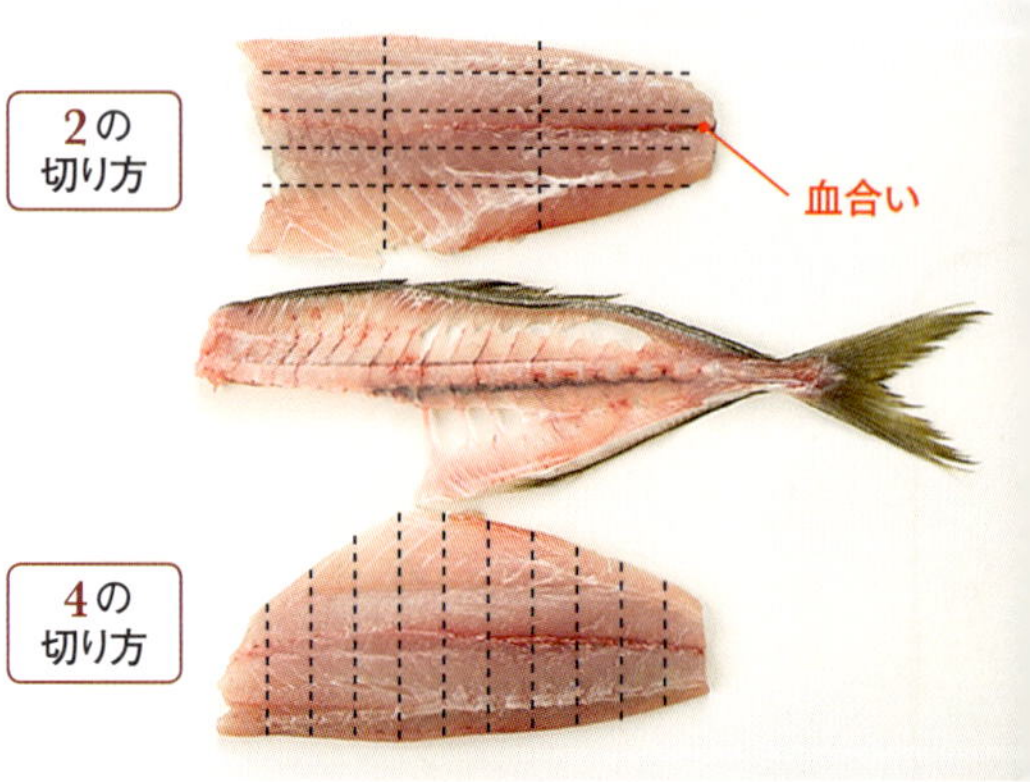

いつもより
コクとうまみ
アップ！

今までのやり方

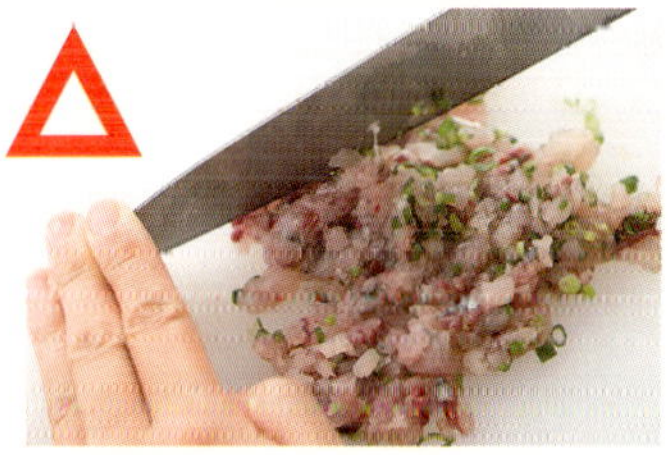

身をすべて細かくたたく
味も食感もすべて一緒になってしまう。

2006年7月5日放送「旬の魚！ アジ究極美味UP術」より

「科学の知恵」で
ガッテン流は**極うま**になる！

2つのワザで歯ごたえとコクアップ！

一般的に刺身は、まぐろなどの赤身魚はもっちりとして濃い味わい、鯛などの白身魚はプリプリとして淡白な味わいです。あじは、1尾のなかに白身と赤身の両方があり、それぞれの性質を持っているという特徴が。これをガッテン流は上手に生かしました。

半身ごとに切り方を変えて、その2つを合わせると、歯ごたえがアップします。さらに、血合いを細かくたたくとコクとうまみも増します。この合わせワザで、いつもよりおいしいたたきのでき上がりです。

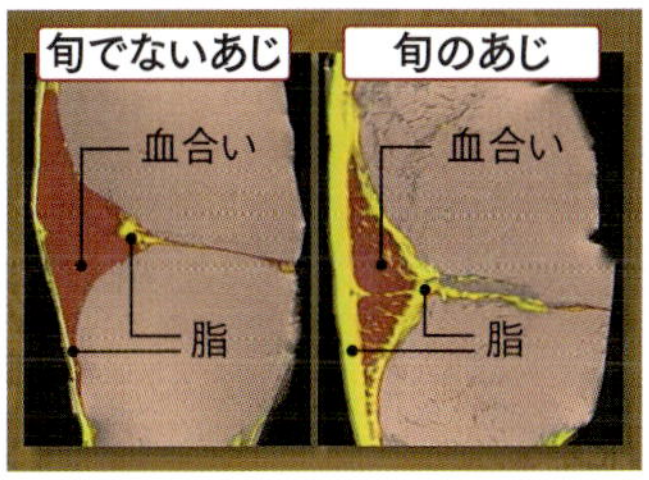

旬の時期のあじは、うまみの強い脂が血合いとその周辺に集中している。この血合いを別にたたいて混ぜると、コクとうまみがアップする。

あじの身を背骨に対し直角に切った場合と、平行に切った場合を比べると、繊維を残した平行切りのほうが歯ごたえは約2倍になる。

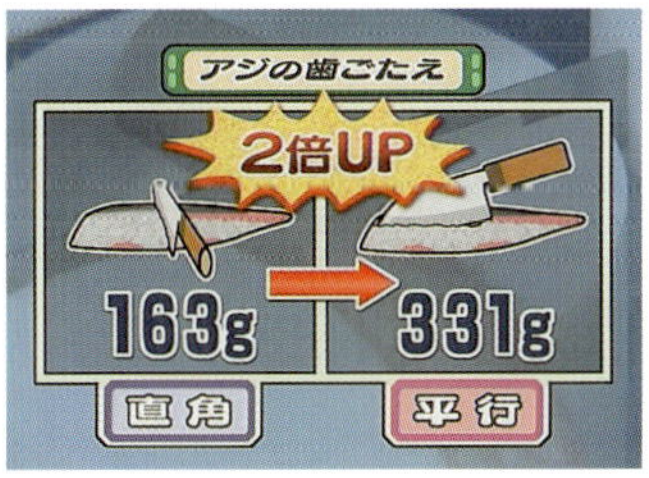

(右) 実験協力◎福井県立大学食品化学研究室
(左) 画像提供◎(独) 農業・食品産業技術総合研究機構 食品研究部門

塩ではなく、砂糖で水分を抜く！

しめさば

失敗知らずの
裏ワザで
名人級に！

材料〔作りやすい分量〕

さば…………1尾（おろして800g）
砂糖・塩…………………………各70g
酢（穀物酢）……………………2½カップ

・全量の栄養データ・

エネルギー：2061kcal　脂質：134.4g　塩分：17.5g

今までのやり方

最初に塩をふって、
水分を抜く

塩加減の見極めが、とても難しい。

作り方

1 さばは、3枚におろす

さばは頭と内臓を取って水洗いする。背側と腹側から包丁を入れ、中骨に包丁を当てながら2枚におろす。中骨がついているほうの中骨に沿うように包丁を入れ、3枚におろす。

2 身の両側に、砂糖をすりつける

砂糖を身と皮の両側にまんべんなくすりつけるように塗り、そのまま冷蔵室に40分ほどおいて水分を抜く。

40分後の状態。ほどよく脱水されている。

3 砂糖を洗い流し、塩をすりつける

さばから水分が出てきたら、砂糖を洗い流して水けをふき取り、塩を身と皮に同様にすりつけて冷蔵室に1時間30分おく。

4 塩を洗い流して、酢につけ込む

塩を洗い流して水けをふき取り、酢につけ込み、冷蔵室に10分間おく。

5 骨と皮を除き、食べやすく切る

骨は向きに逆らって抜くと、うまく抜ける。皮を取り、切り目を入れながら食べやすい厚さに切る。

2008年10月15日放送「旬！ サバ美味発掘の旅」より

「科学の知恵」で ガッテン流は極うまになる!

砂糖でしめれば失敗しらず！

しめさばは、最初にさばの表面近くの細胞の水を抜く必要があります。この脱水に必要なのが塩ですが、「塩でさばの味が決まる」といわれるほど、加減が難しいのです。

これは、塩の分子量がとても小さいため、細胞に入り込みやすく、少しの加減で味が大きく変わってしまうため。

ところが、この脱水は砂糖でも代用できるのです。砂糖は分子量が塩の約6倍で細胞内に入り込まないので、多めにふっても甘くなりません。脱水力も塩より強くないので、適度に水分を残して、しっとりとした食感になります。

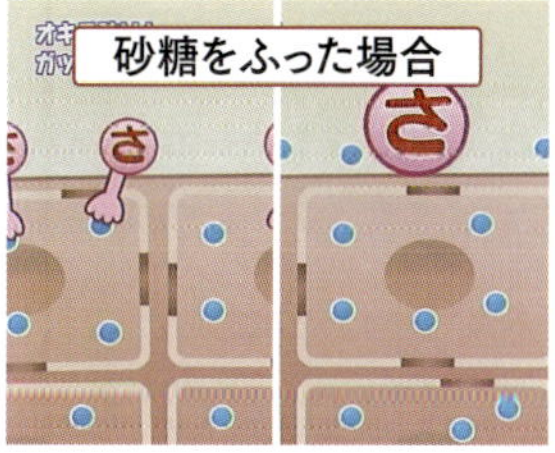

砂糖は、表面の細胞から水分を抜くことはできても（左）、分子量が大きいため、細胞の中に入り込むことができない（右）。

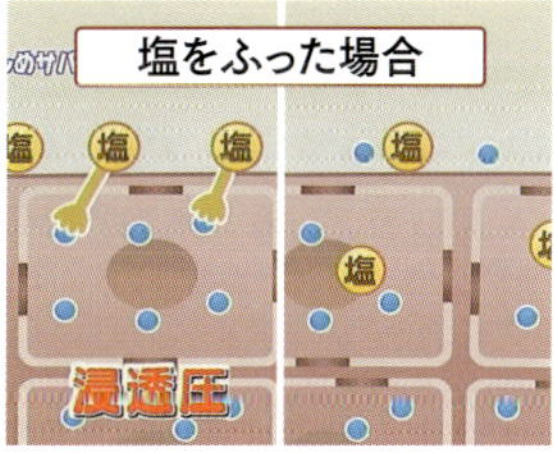

塩は、表面の細胞から水分を抜く（左）と同時に、分子量が小さいため、細胞の中にも入り込みやすい（右）。

塩の力で、「解凍まぐろ」が生まぐろ並みのおいしさに!

まぐろの刺身

2005年6月8日放送「漁師も仰天! マグロの刺身大研究」より

「科学の知恵」で
ガッテン流は**極うま**になる!

冷凍まぐろのうまみ成分を、塩の力で逃さない!

まぐろのうまみ成分・イノシン酸は時間がたつにつれ増えますが、冷凍中のまぐろは、うまみの変化が止まっています。ところが、解凍すると、イノシン酸の量は生まぐろと同じ量に一気に増えることがわかりました。つまり、解凍まぐろのうまみの量は、生まぐろにひけをとらないのですが、冷凍特有の水っぽさにより、評価が低かったのです。

冷凍すると、まぐろの細胞の中で、たんぱく質と結びついていた水が氷になって、たんぱく質から離れます。これが解凍したときにかたまりのまま外に出やすい状態になるため、水っぽくなるのです。

これを防ぐのが塩。塩でたんぱく質の性質を変化させて、解凍したまぐろの中にある水を、再びたんぱく質と結びつけ、解凍まぐろでも、生まぐろ並みの味わいになります。

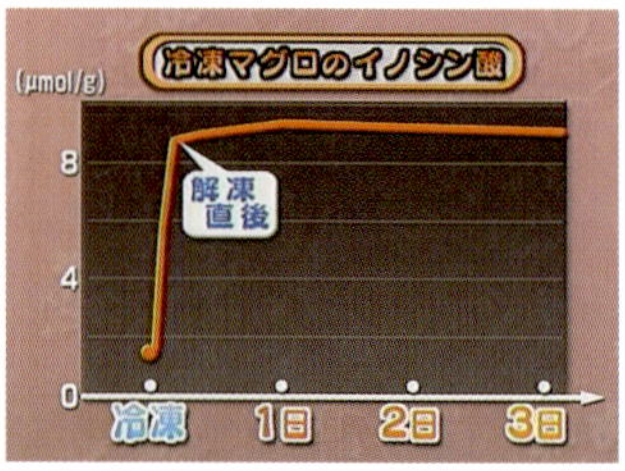

冷凍されている間は増えなかったイノシン酸が、解凍直後に一気に増える。つまり、解凍後に水分さえ出さないようにすれば、おいしさもそのまま。

データ提供◎東京海洋大学教授
岡崎惠美子さん

ガッテン流まぐろなら
こんな楽しみ方も

すし屋さんの漬けまぐろ

材料〔4人分〕

ガッテン流まぐろ（さく・赤身）……300g
A［しょうゆ・みりん］……各½カップ
おろしわさび……適量

・1人分の栄養データ・
エネルギー：152kcal　脂質：1.2g　塩分：2.7g

作り方

❶鍋にお湯を沸騰させて火を止め、ガッテン流まぐろの刺身をさくごと5秒間入れる。取り出してすぐに氷水につけて粗熱を取る。

❷まぐろの水けをふいて、Aに漬ける（ペーパータオルをまぐろの上にのせると、調味料が少なくてすむ）。

❸冷蔵室に30分～1時間おき、切り分けて器に盛り、わさびを添える。

＼アドバイス／

スジの多いまぐろは加熱

嫌われがちなまぐろのスジは、じつはコラーゲン。加熱するとやわらかくなるので、スジの部分はお茶漬けなどで温めていただくとおいしい。

材料〔作りやすい分量〕

解凍まぐろ（刺身用のさく・赤身）……1さく
4％の塩水……適量
※水100mℓ（½カップ）に対し、塩4gの割合。
つま・薬味（お好みで）……適量

・全量の栄養データ・
エネルギー：375kcal　脂質：4.2g　塩分：2.1g

作り方

1 塩水を作り、さらしをひたす

ここがガッテン流！

ボウルに塩水を入れ、清潔なさらしをひたして、軽く水けを絞る。

2 まぐろのさくを、さらしで包む

ここがガッテン流！

まぐろをペーパータオルでふき、さらしで包む。

今までのやり方

△

買ってきたら、そのまま切って出す
生のまぐろと比べると、水っぽい。

3 ラップをかけて冷蔵室で24時間おく

ここがガッテン流！

4 翌日、切り分ける

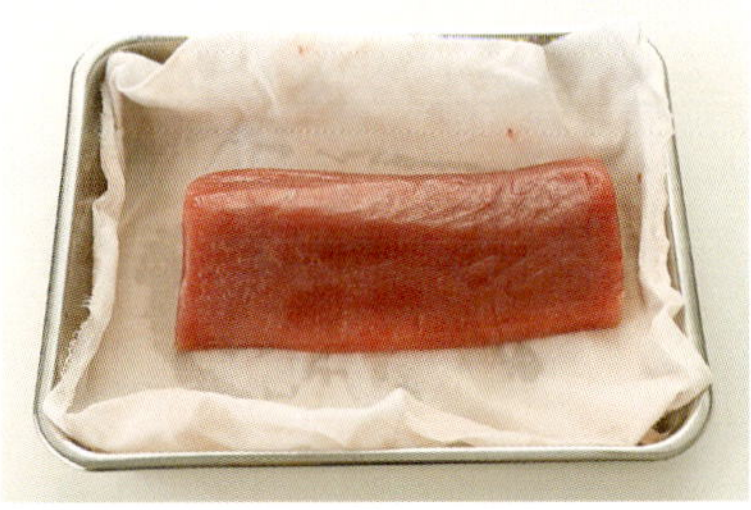

24時間おいたあとのまぐろは、水っぽくなく、色つやもきれい。食べやすく切り分けて、つまや薬味とともに器に盛る。

＼アドバイス／

ペーパータオルはNG

塩水にひたしたペーパータオルで包むと、翌日塩辛さが多少残るうえ、さらしよりも目が粗く、凸凹があるため、口当たりも今ひとつ。さらしで包むのがおすすめです。

消費期限に注意

1日おいて食べるので、お店で買うときは、必ず翌日まで食べられる消費期限のものを選んで買ってください。

※凍った状態で売られている「冷凍まぐろ」の上手な解凍の方法は、180ページをご覧ください。

いかの刺身

材料〔作りやすい分量〕

いか(刺身用・皮をむいたもの)…………1ぱい
しょうゆ・おろししょうが・
大根おろし……………………………各適量

全量の栄養データ
エネルギー:129kcal　脂質:4.6g　塩分:2.7g

作り方

❶いかを上下に切り分ける。
❷①を半身ずつ、縦に細く切り分ける。

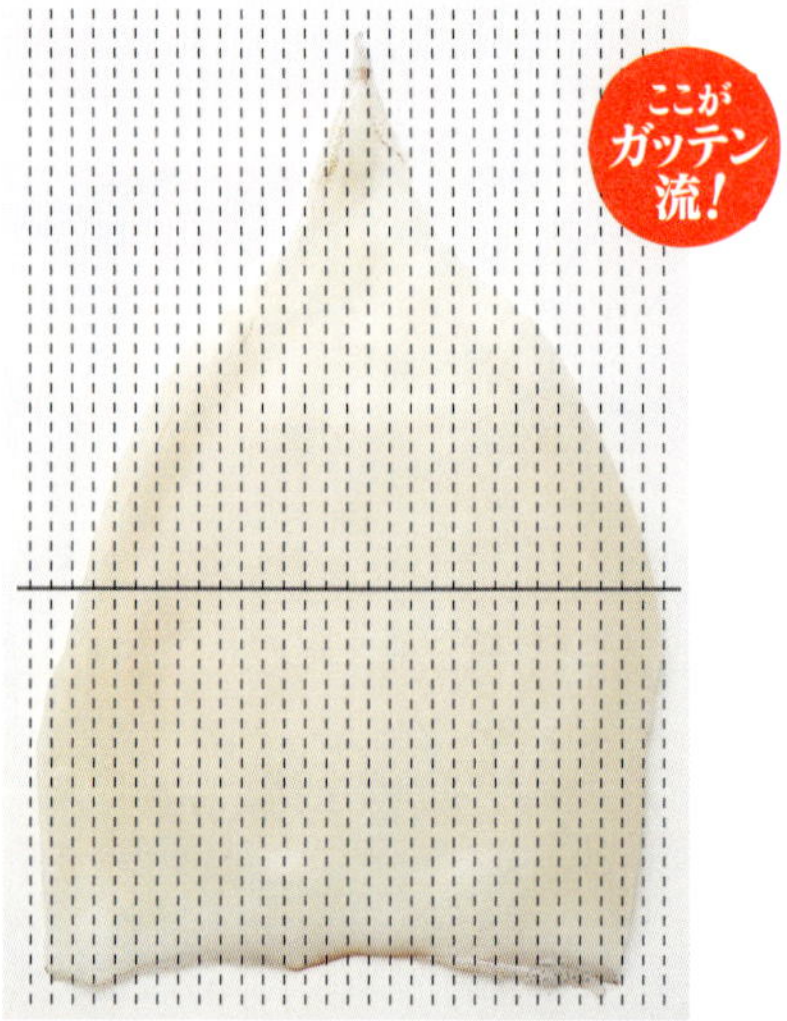

❸器に盛って、おろししょうがと大根おろしをのせる。
❹しょうゆを回しかけ、10～15回ほどよく混ぜていただく。

ほたての刺身

全量の栄養データ　※ほたて3個分の場合。
エネルギー:79kcal　脂質:0.3g　塩分:0.3g

材料〔作りやすい分量〕と作り方

ほたて(刺身用・適量)を、縦に3等分に切り、器に盛る。

切り方を変えるだけで、驚きのうまさに

いかとほたての刺身

切り方を変えるだけで本場の味に!

2008年7月23日放送「漁師直伝! イカ美味追求の旅スペシャル」、
2003年7月23日放送「漁師直伝! ホタテの極意」より

「科学の知恵」でガッテン流は**極うま**になる!

切る方向によって、味に違いが!

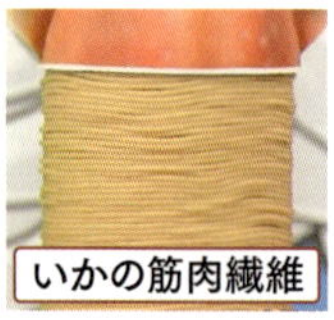
いかの筋肉繊維

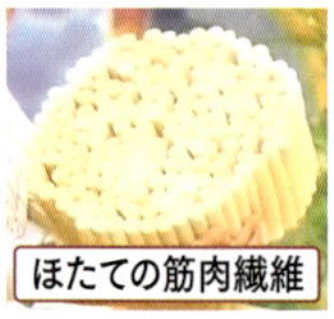
ほたての筋肉繊維

いかとほたて、刺身のうまさを最大限に引き出すコツは、ズバリ「どちらも縦切りにする」こと。

でも理由はそれぞれ違います。いかは、輪ゴムのように強靭な筋肉が横方向に発達しています。縦に切って筋肉繊維を断つことで、口に入れるとすぐにうまみの素であるアミノ酸が溶け出すのです。また、皮をむいたあとにも残るいかの薄い膜に残る強い縦繊維のおかげで歯ごたえも縦に切ったほうがよくなります。

これに対し、ほたての筋肉繊維は縦に走っているのですが、横に切ると繊維がバラバラになってやわらかいだけの食感に。刺身の場合、繊維に沿って縦に切ったほうが、倍以上の弾力が楽しめます。

今までのやり方

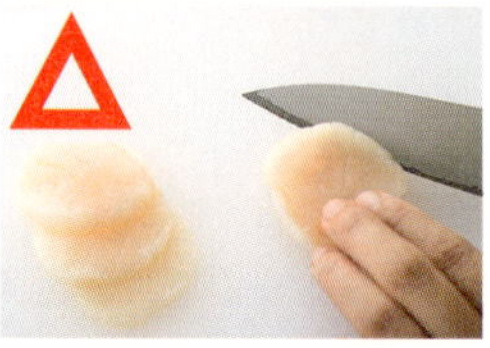

厚みを薄くするように横に切る
やわらかいだけの食感に。

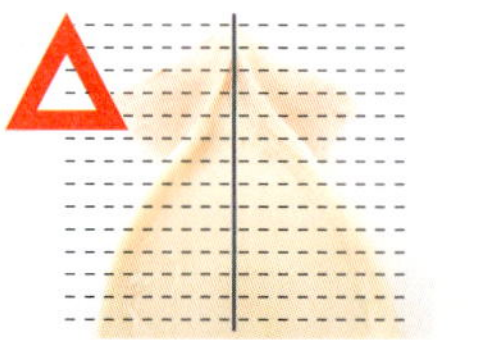

左右対称に切ってから横に切る
うまみなど縦切りに及ばず。

※ほたてを「焼く」ときには横に切ります(108ページ参照)。

手間ひまかかる昆布締めが、たった30分で完成！

簡単昆布締め

「超」時短で本格派の味に！

今までのやり方

昆布ではさみ、1晩おく
時間も手間もかかり、面倒……。

2014年5月28日放送「とろろ昆布がすごい！ 隠れネバネバパワーの秘密」より

「科学の知恵」でガッテン流は**極うま**になる！

調理時間を短縮できる！

とろろ昆布に10倍量の水を加えたところ、みるみるうちに吸水！

とろろ昆布は極薄のため、昆布の細胞の中のうまみ成分や、ネバネバ成分であるアルギン酸がすぐに出てきます。とくにアルギン酸は、吸水性が非常に高いため、食材の水分を吸収し、昆布のうまみを食材に早くしみ込ませます。

この特徴を利用し、刺身にまぶせば簡単に昆布締めが、塩もみした野菜に混ぜれば、すぐに浅漬けができるのです。

材料〔2人分〕

刺身……………………………適量
とろろ昆布粉末………………適量

・1人分の栄養データ・
エネルギー：77kcal　脂質：1.7g　塩分：0.1g

作り方

1 とろろ昆布粉末を作る

とろろ昆布20gを、フライパン全体に広げる。

弱火で４分半ほど、加熱しながらほぐす。途中で上下を混ぜ返しながら、全体にまんべんなく火を通す。

加熱したとろろ昆布をバットなどに移して冷ましたら、ポリ袋などに入れて、粉末になるまでもむ。

※保存期間の目安は、市販のとろろ昆布と同じです。変色を防ぐため、冷暗所で保存してください。

2 刺身にとろろ昆布粉末をまぶす

適量まぶしたら、30分ほど寝かせる。

うなぎのかば焼き

加熱の仕方で、食感が自由自在に！

ひと手間かけて老舗の味に！

材料〔2人分〕

うなぎのかば焼き ……… 大1パック
たれ（市販品）……………………………適量
サラダ油…………………………………適量

・関東風の1人分の栄養データ・
エネルギー：241kcal　脂質：16.8g　塩分：1.0g

・関西風の1人分の栄養データ・
エネルギー：268kcal　脂質：21.0g　塩分：1.0g

今までのやり方

レンジでチン
レンジにかけると、水分がとび、皮や身がかたくなりやすい。

作り方

1 熱湯をかける

バットなどにうなぎを置き、熱湯をひたひたになるまでかけてたれを落とし、ペーパータオルで軽く押さえるようにして水分を取る。

調理済みのかば焼きのたれは、焦げつきのもとなので、熱湯をかけて一度たれを落とすのがコツ。熱湯はうなぎがひたひたになるくらいが目安。この熱湯効果で、コラーゲンが一気にトロトロになる。あとは余分な水けを取ってから調理開始！

2 魚焼きグリルで焼くorフライパンで揚げる

●トロッフワッ関東風

アルミ箔《はく》の上にうなぎを置き、酒小さじ2（分量外）をふりかける。このとき、アルミ箔に油を薄く塗ると、うなぎがくっつかずに仕上がる。

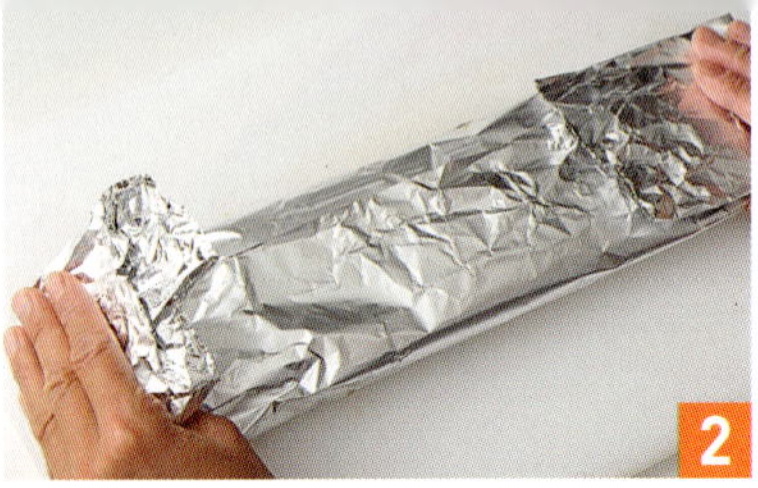

アルミ箔に包み、魚焼きグリルに入れて加熱し、3分間蒸す。

アルミ箔の上部を開き、身にたれを塗り、アルミ箔を開いた状態で1分間グリルで焼く。

●サクッフワッ関西風

身は半分に切る。フライパンに大さじ3強の油を入れ、強火で1分間加熱する（予熱）。

身を下にして入れ、1分間ほどかけて揚げる。身の表面が薄く色づく程度が目安。裏返して、皮のほうを30秒間ほど揚げて取り出す。

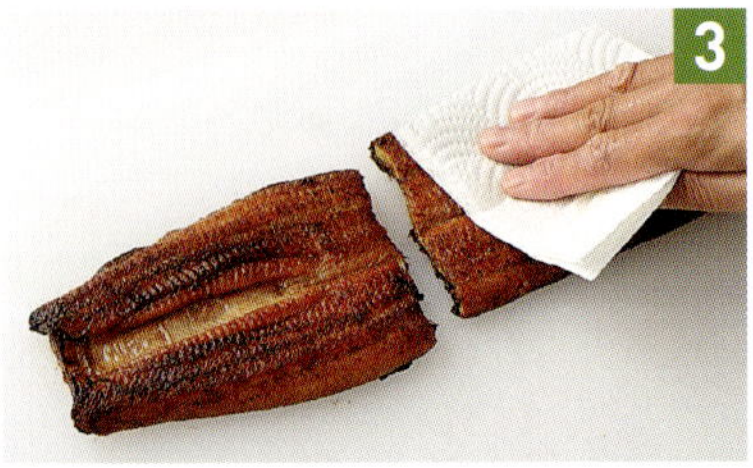

余分な油をペーパータオルでふく。

2007年7月25日放送「家庭でプロ級！うなぎ極ウマ調理術」より

「科学の知恵」で
ガッテン流は**極うま**になる！

脂とコラーゲンを最大限に引き出す！

赤身の魚に多いとされる脂質と、白身の魚に多いとされるコラーゲンの両方が突出して多いうなぎ。関東と関西で異なるうなぎの調理法ですが、どちらも脂質とコラーゲンの共存という特性を生かして作られています。

関東風の長時間「蒸し」は、コラーゲンを身の中に閉じ込めて「トロッフワッ」にするため。対して、「焼き」の関西風は、身と皮を30回以上も返しながら焼いて、身の表面を揚げに近い状態にすることで「サクッフワッ」に焼き上げます。この2つの調理法を応用すれば、市販のかば焼きもお好みの食感に！

関西風は、返しを繰り返すことで身の表面に脱水を防ぐ脂の膜ができるため、「サクッフワッ」に。

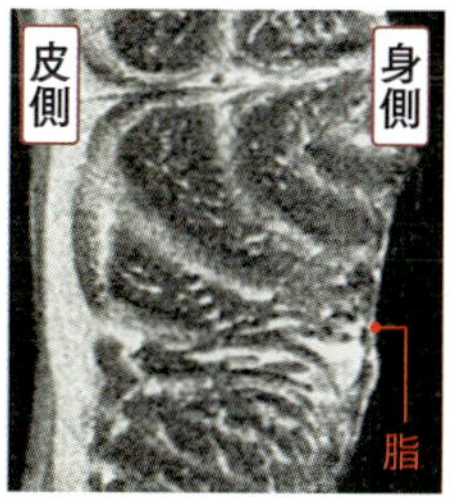

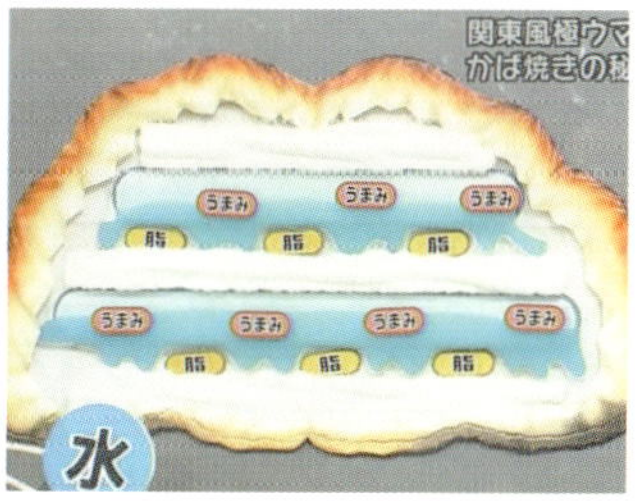

関東風は、長時間蒸し上げることで、コラーゲンに水と熱が加わり「トロッフワッ」に。

卵の溶き方を変えるだけで、だし汁ジュワ〜ッ!

卵焼き

同じ加熱時間で専門店の味に!

今までのやり方

卵をグルグルかき混ぜる

卵液の気泡がつぶれて、冷めるとだしが流出し、歯ごたえもぐずぐず。

表面が乾いたら巻く

急いでまかないと焦げつきやすく、形もきれいに仕上げにくい。

「科学の知恵」でガッテン流は**極うま**になる!

2006年8月23日放送「即・免許皆伝! 卵焼きの奥義」より

ヒミツは卵のかき混ぜ方にある!

卵焼きの断面を比べてみると、プロの卵焼きは細かい気泡のあるスポンジ状、素人の卵焼きは大きなすき間がありました。この細かい気泡にだしが入ることで、ふっくらジューシーな卵焼きができるのです。

違いは、卵の溶き方。一般的な卵の溶き方は、箸を寝かせてかき回す「グルグル型」か、泡立て器でかき混ぜる「シャカシャカ型」で、どちらもサラサラの卵液になります。

ところがプロは、白身を切るように混ぜるドロドロ卵液。白身のかたまりが、加熱したときに出る気泡を捕まえ、スポンジ状にしていたのです。

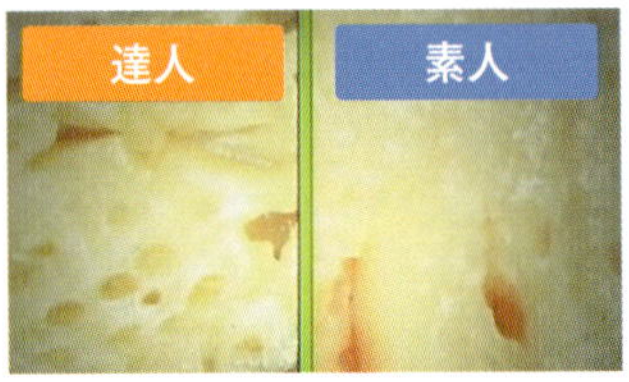

大きなすき間の卵焼きは、冷めて卵焼きが縮むとそこからだしが流れてしまうが、小さい気泡の卵焼きなら、冷めてもだしは流出せず、噛《か》んだときにはじめてだしが出る。

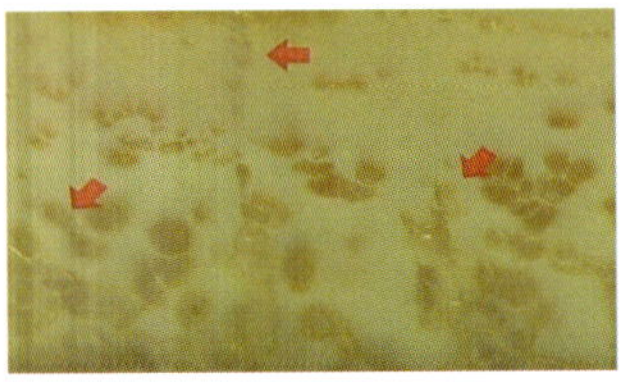

白身のかたまりが加熱時に出るたくさんの細かい気泡を閉じ込め、卵焼きはスポンジ状に。

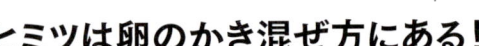

材料〔3〜4人分〕

卵（M玉）……3個
A（合わせておく）
- だし汁……⅖カップ（80㎖）
- しょうゆ……小さじ1
- 塩……2つまみ
- 砂糖……大さじ1½

・1人分の栄養データ・
エネルギー｜74kcal　脂質｜4.1g　塩分｜0.6g

作り方

1 白身をちぎるように卵を溶く

ボウルに卵を割り入れ、箸のすき間をあけてまっすぐに立て、ボウルの底に白身をこすりつけてちぎるようにまっすぐ前後に10往復動かす。そのあとボウルを90度回転させて、さらに10往復混ぜる。**A**を加え、再びボウルの向きを変えながら、同じように10往復ずつ混ぜる。

2 焦げを恐れずに強めの火で焼く

1 卵焼き用フライパンを強火で1分間熱する（予熱）。箸先につけた卵がすぐ固まればOK。

2

フライパンの横幅からはみ出ない程度に火を弱め、ペーパータオルにしみ込ませた油（分量外）をひく。

3

そのまま強火でまずお玉1杯分の卵を流し込み、大きな気泡だけつぶす。
高温のところにたくさんの卵液を流し込むと、だしの水分が、温度の上がりすぎを防ぎ、ほどよい焦げ色がつく。

4

表面がドロドロになってきたら気泡が閉じ込められたサイン。卵を奥から手前に三つ折りにたたむ。

5

折った卵を奥に寄せ、油（分量外）をひき、2回目はお玉2杯分を流し込み、奥に寄せた卵の下にも、卵液を流し込む。15秒間ほどたったら、まだ固まっていない卵液を卵焼きの下に流し入れる。

6

表面がドロドロになったら、卵を奥から手前に半分にたたみ、卵を奥に寄せる。

7

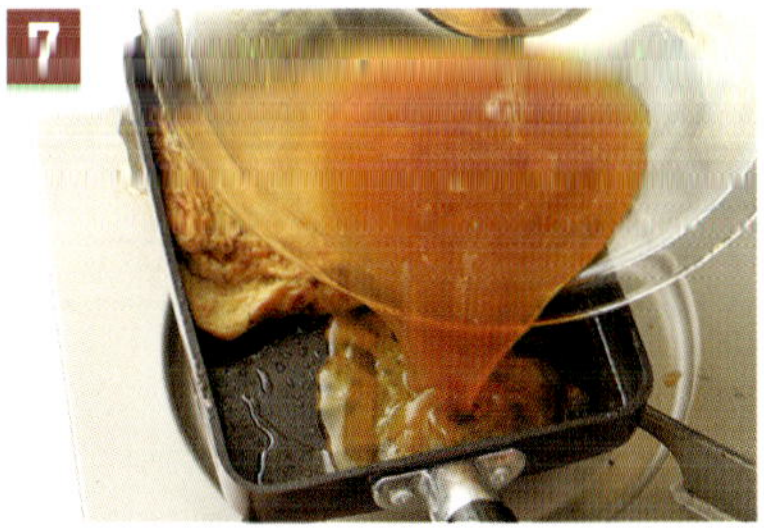

再び空いた部分に油（分量外）をひき、残りの卵を流し込み、奥に寄せた卵の下にも卵液を流し込む。

8 15秒間ほどおいて、固まっていない卵液を卵焼きの下に流し入れ、表面がドロドロになったら、卵を奥から手前にたたむ。

9

ヘラを使って、上と横から形を整えてでき上がり。

少量のお湯＆“縦ゆで”で、ビタミンC逃さず！

ほうれん草のおひたし

材料〔2人分〕

ほうれん草……………½束（80g）
かつお節……………………適量

・1人分の栄養データ・
エネルギー：9kcal　脂質：0.2g　塩分：0.0g

作り方

1 鍋にお湯を沸かす。
ほうれん草の重量の5倍が目安。（ほうれん草1束なら、水1ℓあれば十分）。

2 ほうれん草を縦にして、茎だけを入れて5秒間、次に葉も入れて10～20秒間ゆでる。

短時間加熱のためビタミンCが流失しにくい。

3 すぐに流水で2度ほど洗い、食べやすい長さに切って、かつお節をたっぷりかける。
かつお節に含まれるカルシウムが、ほうれん草のえぐみのもとであるシュウ酸と結合することで、えぐみを感じにくくさせる。

今までのやり方

たっぷりの湯でゆでる
栄養分や甘みやうまみが、ゆで汁に流出してしまう。

いつもより約35秒早くて、絶品の味に！

2006年11月29日放送「栄養革命 ほうれん草新発想調理術」より

「科学の知恵」でガッテン流は極うまになる！

栄養素が残りやすいゆで方とは？

ほうれん草はビタミンCやカリウムが豊富ですが、ビタミンCは水溶性のため、1～2分間ゆでるだけで、およそ半分に減ってしまいます。また、たっぷりのお湯と少量のお湯でビタミンCの量を比べたところ、少量のお湯でゆでたほうがビタミンが残ることがわかりました。

つまり、少なめのお湯で短時間ゆでるのがコツ。そこで、太い茎だけ先にゆでる、たてゆで方式を発見しました！

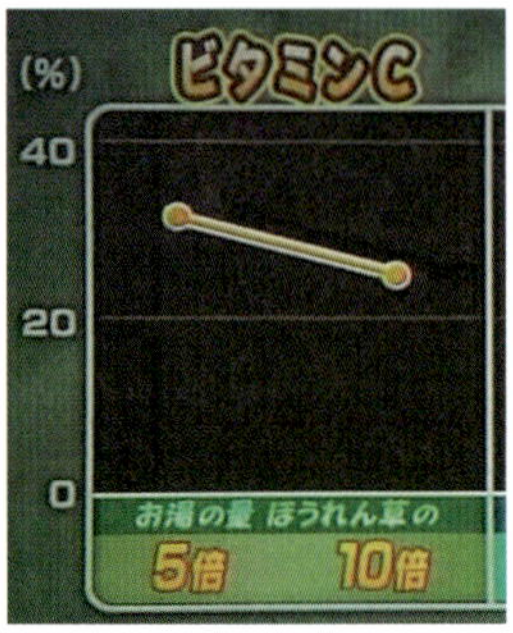

たっぷりのお湯のほうがビタミンCは失われる。

生のまま冷凍し、解凍するだけで、ゆでた食感！

小松菜のおひたし

火を使わずに、絶品の味に！

今までのやり方

生の小松菜をゆでる

ビタミンCの流出が多い。

2008年10月1日放送「新ワザ発表！ 冷凍で肉も野菜も美味に変える！」より

「科学の知恵」でガッテン流は極うまになる！

冷凍の欠点を逆利用して、ゆでずにおひたし！

冷凍だと、ビタミンCも残る。キャベツ、白菜、チンゲン菜などもおすすめ。

ふつう野菜を冷凍すると、解凍したときにぐずぐずになってしまいます。これは、野菜を冷凍すると細胞内の水が凍って、細胞膜や細胞壁を傷つけてしまうため。

番組ではこの欠点を逆利用。ゆでることでも細胞がある程度こわれるので、冷凍でその食感を再現。ほどよく火が通ったような歯ごたえで、野沢菜のような味わいになり、なかなかの美味です。

材料〔作りやすい分量〕

小松菜……½束
かつお節・しょうゆ……各適量

全量の栄養データ

エネルギー：30kcal　脂質：0.4g　塩分：0.9g

作り方

1 小松菜を洗って、ざるにあげる

2 密閉袋に入れて、冷凍する

4cm長さに切って密閉式の保存袋に入れ、空気を抜いて冷凍する。

3 常温解凍する

食べるときは、常温解凍し、水けを軽く絞り、器に盛る。かつお節としょうゆをかける。

※野菜の冷凍ワザについては、172ページから詳しく紹介しています。

加熱いらずの昆布酢は、うまみはあるのに酸っぱくない！

酢のもの

手間なしで
絶品の味に！

材料〔2人分〕

きゅうり（薄い小口切り）……………1本
昆布酢（昆布・穀物酢）…………大さじ1
しょうゆ・みりん…………各大さじ1
水……………………………………大さじ4

・1人分の栄養データ・
エネルギー：37kcal　脂質：0.1g　塩分：1.3g

作り方

1 昆布酢を作る。
穀物酢½カップ（分量外）に昆布10g（分量外）を1時間つけたら、昆布を取り除く。

ここがガッテン流！

2 昆布酢、しょうゆ、みりん、水を、1：1：1：4の割合で合わせ、合わせ酢を作る。

3 合わせ酢にきゅうりをつけ込み、しぼる。

4 器に盛りつけて、最後に合わせ酢をもう一度かける。

今までのやり方

加熱して合わせ酢を作る
酢のツンとした香りはなくなるが、うまみはいまいち……。

2005年8月24日放送「新発想！ 酢のマジックパワー活用術」より

「科学の知恵」で
ガッテン流は**極うま**になる！

酢にミネラルが溶け出す

昆布からだしを出すには、水につけて加熱するのが一般的ですが、酢につければ加熱は不要！ 昆布からグルタミン酸（うまみ成分）がたっぷりと出るだけでなく、ミネラル成分も溶け出すことで酢と化学変化を起こし、酸味を緩和して味がまろやかになるのです。また、酢と昆布の組み合わせは、カルシウムの吸収率が50％アップすることもわかりました。

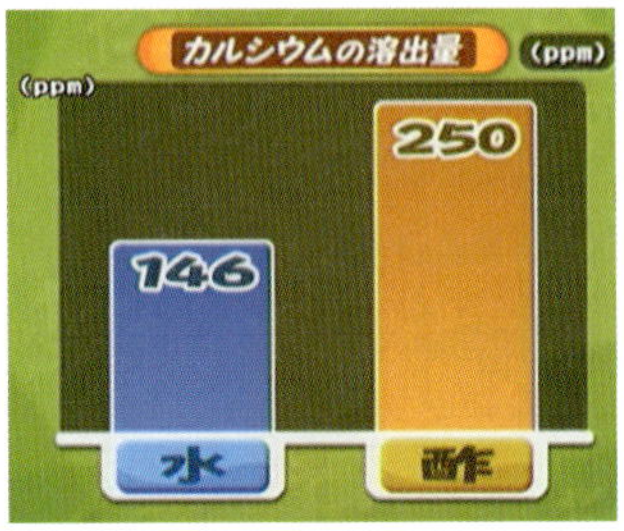

昆布に含まれるカルシウムは水よりも酢によく溶け出す。

余熱調理で83℃をキープする！

茶碗蒸し

いつもより
約5分早くて、
絶品の味に！

今までのやり方 △

強火2分、弱火15分

温度管理が難しく、表面にスが入り、きれいにできない。

2003年9月3日放送「いきなりプロ級！ たまご料理の裏ワザ」より

「科学の知恵」でガッテン流は**極うま**になる！

プロの温度管理を、余熱で調節！

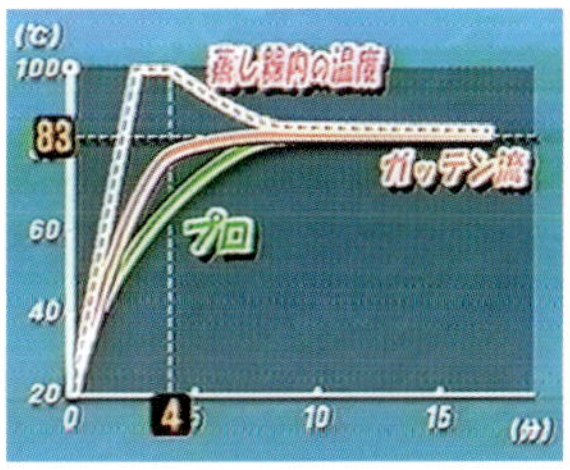

強火４分＋消火８分（余熱調理）で理想の温度をキープした。

表面にスが入ったり生っぽかったりと意外と難しい茶碗蒸し。プロの作り方を調べたところ、業務用の蒸し器を使い、加熱温度をつねに83℃にキープしていました。

しかし、家庭用の蒸し器では温度管理は無理。そこで、通常の手順（強火で加熱したあと弱火で蒸す）をやめて、強火のあとは余熱で蒸らすようにしてみたところ、プロと同じ83℃でキープさせることに成功したのです。

材料〔4～5人分〕

- 卵……2個
- あさり……10個
- 麩（お好みで）……適量
- 三つ葉……少々
- だし汁……1¾カップ（あさりの酒蒸しの煮汁も足した合計で）
- A
  - みりん……小さじ1
  - しょうゆ……小さじ½
  - 塩……2つまみ

・1人分の栄養データ・

エネルギー：38kcal　脂質：2.2g　塩分：0.6g

作り方

1 あさりは酒少々（分量外）で蒸して口を開かせて、いったん取り出す。あさりの汁とだし汁を合わせたものを人肌程度に温めて、**A**を入れてよく混ぜる。

沸騰させると風味がとんでしまうので、調味料が溶ける程度の温かさで十分。

2 卵を溶きほぐしたものに**1**の汁を加え、こし器などでこす。

3 あさりの身と麩を器に入れて、**2**を注ぎ、三つ葉を添える。表面の泡を取って、器にふたをするかラップをふんわりかける。

4 蒸し器に水を入れて沸かし、蒸気が立ったら**3**を並べてふたをし、強火で4分間蒸したあと、火を止めて余熱で8分間蒸らす。

枝豆

甘みぎっしり＆香り豊かな枝豆に！

たった数円で**高級茶豆**の味を再現！

2014年9月3日放送「秋こそ旬！ 極うま枝豆ゆで方革命」より

今までのやり方

塩ははからず目分量をふってもみ込む

塩味はしっかりつくけど、甘みはもの足りない。

「**科学の知恵**」でガッテン流は**極うま**になる！

まるでとれたて枝豆の味に！

収穫して2～3日後に店頭に並ぶ枝豆。その間、枝豆は呼吸などで糖分を消費しています。そこで「砂糖」を加えてゆでると、甘みが復活！ 水に対し、砂糖と塩各2％でゆでれば、とれたての甘みを味わえます。

また、「桜えび」には、芳醇な香りが特徴の「茶豆」と似た成分が入っているため、一緒に入れてゆでるだけで、ふつうの枝豆が、茶豆のように香り高くなります。

材料〔作りやすい分量〕

桜えび（乾燥）……………… 4尾
枝豆……………1袋（200～300g）
水………………………………3カップ
砂糖・塩………………………各12g

全量の栄養データ

エネルギー：156kcal　脂質：6.9g　塩分：1.2g

作り方

1 鍋を30秒間予熱し、桜えびを香りが出るまで乾煎りする。

2 火を止め、枝豆、水、砂糖、塩を入れる。

3 ふたをして、沸騰するまでゆでる。

4 沸騰したらふたを取り、さらに3分前後お好みのかたさにゆでる。

「皮ごと」だからこそ美味！
そらまめ
皮ごと
おいしく
味わえる！

2017年6月8日放送「初夏だ！ そらまめパラダイス」より

今までのやり方

たっぷりの水に入れてゆでる

皮のうまみや栄養が逃げ出し、時間もかかる。

「科学の知恵」でガッテン流は**極うま**になる！

甘みを味わうには、「皮ごと」！

そらまめは、じつは皮に甘みが多く、豆の1.5倍、ポリフェノールは11倍も含まれます。そのため、うまみをしっかり味わうには、皮ごとがおすすめです。

またそらまめは収穫時期によって、異なる食感の２種類が販売されています。１つは、収穫時期が早く、糖分や水分が多く、みずみずしい食感の「しっとり豆」。見た目は、さやが鮮やかな緑色で、豆は“お歯黒”と呼ばれる、へこんだつめの部分の色も緑色です。もう１つは、じゃがいものような食感の「ホクホク豆」。さやは茶色っぽくくすみ、豆のつめ部分は黒色です。

地獄蒸し

材料〔作りやすい分量〕と作り方

そらまめ……………………20粒
塩……………………適量

全量の栄養データ
エネルギー：86kcal　脂質：0.2g　塩分：0.5g

1 フライパンにそらまめが浸る程度の水を注ぎ、強火にかける。沸騰したらそらまめと塩を入れ、ふたをする。

2 強火で3分ゆでたら、ざるに上げて水けをきる。

香ばし天国

材料〔作りやすい分量〕と作り方

そらまめ……………………20粒
ごま油……………………適量

全量の栄養データ
エネルギー：138kcal　脂質：5.8g　塩分：0.0g

1 フライパンにごま油を中火で熱し、全体になじませる。

2 そらまめを入れ、上下を返しながら両面が色づくまで炒める。

きんぴら

皮が主役で、うまみも栄養もアップ！

同じ加熱時間で絶品の味に！

今までのやり方

ごぼうとにんじんの皮をむく

皮部分に集中しているうまみや栄養を捨てることに。

材料〔4人分〕

ごぼう……1本（120g）
にんじん……½本（60g）
赤唐辛子（種を取る）……1本
しょうゆ……大さじ1⅓
酒……大さじ4
ごま油……小さじ2

・1人分の栄養データ・
エネルギー：48kcal　脂質：2.1g　塩分：0.9g

作り方

1 材料をピーラーで削ってから切る

ごぼうとにんじんはそれぞれピーラーで皮ごと長く削る。

ピーラーで削ったごぼうとにんじんをそろえ、それぞれ長さ5cmになるよう、斜めにしてせん切りにする。

2 炒める

フライパンにごま油を熱し、ごぼうと赤唐辛子を一緒に炒める。火が半分くらい通ったところでにんじんを加えて、5～6分間炒める。

火が通ったら、しょうゆを加えて全体になじませる。

最後に酒を加えて、炒め煮をする。

野菜本来がもつ甘みを引き出すため、砂糖は不要。最後に酒を加えることで表面にわずかな甘みがつき、噛《か》んだときに素材の甘みを強く感じることができる。

2005年10月26日放送「発見！ 究極のきんぴら活用術」より

「科学の知恵」で
ガッテン流は**極うま**になる！

ごぼうもにんじんも皮が命！

　ごぼうもにんじんも、一番おいしいのはじつは皮のそば！　ごぼうのグルタミン酸（うまみ成分）の量を分析してみると、皮の近くは中心部に比べて、1.6倍も多かったのです。また、にんじんの皮の部分も中心部と比べて、カロテン、ポリフェノールなどの栄養分やうまみ成分が豊富。つまり、ごぼうもにんじんも、皮は捨てずに使うことで、おいしく栄養のあるきんぴらになるのです。

　また、砂糖やみりんがなくても、野菜本来の甘みを引き出せることがわかりました。

にんじんの皮は、中心部よりカロテンが2.5倍、ポリフェノールが4倍、グルタミン酸が1.5倍もある。

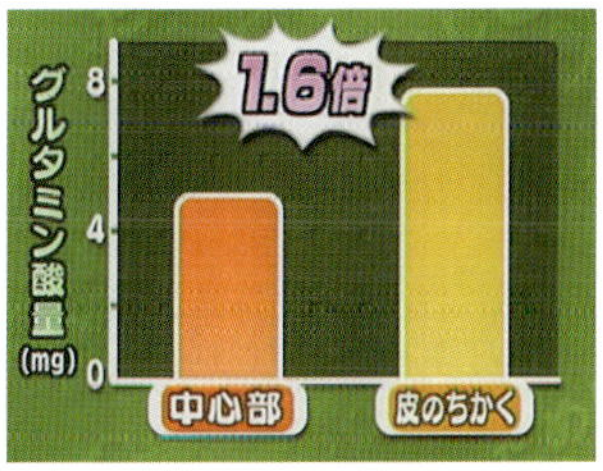

ごぼうの皮は、中心部よりも1.6倍もグルタミン酸の量が多い。

煮込まないで炒めて、食感&栄養アップ！

ひじきの煮もの

材料〔4人分〕

乾燥ひじき……30g
にんじん（せん切り）……65g
油揚げ（細切り）……50g
合わせだし
- 酒・みりん……各小さじ2
- しょうゆ……小さじ2½
- 砂糖……小さじ1⅔
- 水……¾カップ

ごま油……適量

・1人分の栄養データ・
エネルギー：107kcal　脂質：7.6g　塩分：0.7g

作り方

1 ひじきを水（分量外）に入れ、30分間つけてもどす。

2 もどしたひじきの水けを軽くしぼり、皿に広げてレンジで4分30秒間加熱する（10gで1分30秒が目安）。

ここがガッテン流！

ひじきの水分を、一度加熱してとばし、合わせだしを吸いやすい状態にする。

3 フライパンにごま油を熱し、にんじんと油揚げを炒める。火が通ったら、ひじきを入れ、すぐに合わせだしを加え、3分間ほど炒めたらでき上がり。

※ヒ素について
ひじきには、発ガン性物質であるヒ素が含まれているという話がありますが、実験で、水もどしによって大部分のヒ素が流失することが判明。また、生涯にわたって摂取しても問題のない1週間当たりのヒ素摂取量は、体重50kgの人で1週間当たり煮ものの小鉢5〜7杯程度。それでも心配な場合は、80℃でのお湯もどしが有効です。

今までのやり方

汁けがなくなるまで煮込む
味はつくが歯ごたえが少ない。

いつもより約10分早くて、絶品の味に！

2006年5月10日放送「海藻の切り札！ ひじき新パワー」より

「科学の知恵」でガッテン流は極うまになる！

ひじきはスポンジと同じ性質だった！

水を含むと膨らむひじきは、スポンジとよく似た性質が。

スポンジの「水をたっぷり含んだもの」「乾燥したもの」「水を含ませた後、しぼったもの」の中で、どれが一番水分を吸い込むか実験してみると、水を含ませた後、しぼったものが断トツ。

ひじきに置き換えると、水でもどしたものをレンジで加熱した状態で調理すれば、短時間でだしをたっぷり吸い込み、食感もシャキシャキに！

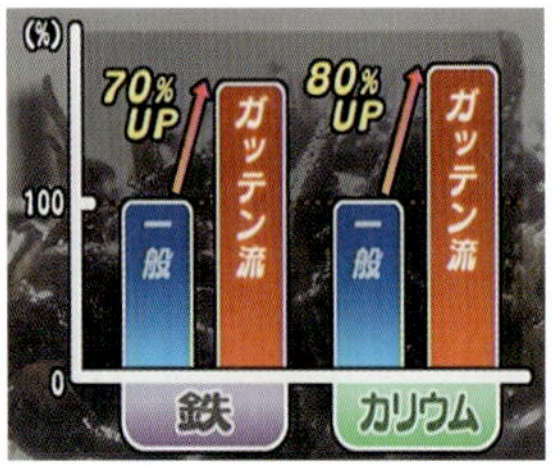

ガッテン流で作ると、一般的なレシピに比べて鉄分は70%、カリウムは80%もアップ！

砂糖を入れないほうが、特長を引き出せる！

かぼちゃの煮もの

いつもより
約５分早くて、
絶品の味に！

2004年9月8日放送「断然うまい！ かぼちゃ新法則」より

材料〔作りやすい分量〕

西洋かぼちゃ……¼個
だし汁・酒……各½カップ
みりん……大さじ1⅓
しょうゆ……小さじ2

全量の栄養データ
エネルギー：323kcal　脂質：0.9g　塩分：1.8g

作り方

1 かぼちゃは大きさを揃えて切る。これで煮崩れしにくくなる。

2 鍋にだし汁、酒、みりん、しょうゆを入れ、かぼちゃを加えて強火にかける。ふたをして10分間煮る。

ここがガッテン流！

西洋かぼちゃは、砂糖を入れなくても十分に甘い。また水分も多いので、煮汁は少なめにし、さらに半量は酒にして水分を蒸発しやすくするのがコツ。

3 ふたをとって、鍋をゆすり、強火のまま煮汁をとばす。この間に皮にも火が通り、ホクホクに仕上がる。

今までのやり方

△

砂糖を入れて弱火で煮込む

甘くなりすぎるという人も。

「科学の知恵」で
ガッテン流は極うまになる！

かぼちゃの歴史が煮ものを甘くしていた

かぼちゃは、弱火で煮たときが一番甘くなります。昔、主流だった甘みの少ない品種、日本かぼちゃの煮ものは砂糖を入れて弱火で煮込むのが一般的だったのは、理にかなっていたわけです。

ただし、現在市販されているかぼちゃの大半は、甘みが強く煮崩れしやすい品種の西洋かぼちゃ。つまり、この場合は砂糖もいらず、短時間加熱で十分なのです。

また、かぼちゃを選ぶ際は、果肉の色で甘みを見極められます。白っぽい黄色は、甘みが少なく、熟成が進むにつれて赤みを帯び、その色が皮近くまで迫っていくほど甘くなります。身のホクホク感を楽しみたい場合は、皮が黒いものを選びましょう。

外皮だけをむいて、うまみと粘りを残す！

里いもの蒸し煮

材料〔2人分〕

里いも……400g

A

- 昆布のだし汁……2カップ
- みりん……¼カップ
- 薄口しょうゆ……大さじ1⅔

・1人分の栄養データ・

エネルギー：149kcal　脂質：0.2g　塩分：2.8g

作り方

1 里いもを、ゆでる

里いもの泥を落とし、熱湯で3分間ゆでる。

2 冷水にとり、かたい皮を手でむく

冷水でさまし、手でかたい外皮をむく。流水にさらしながらむくと、より簡単にむける。

3 蒸し器で30分ほど蒸す

耐熱容器に里いもと**A**を入れて、蒸し器で30分間蒸す。

※蒸し器がない場合は、鍋でごく弱火で30～40分煮てください。

今までのやり方

塩でもんで、ぬめりをとる

厚めに皮をむく

ぬめりと一緒に里いもの栄養分や風味も流出してしまう。

簡単な下ごしらえで料亭の味に！

2006年9月27日放送「常識大逆転！ サトイモうま過ぎ調理術」より

「科学の知恵」でガッテン流は**極うま**になる！

内側の皮層を残して、風味と栄養をキープ！

里いもの下ごしらえといえば、皮を厚くむき、塩でもんでぬめりをとるのが常識でした。しかし里いもの皮には、外側のかたい「外皮」と、内側の薄い「皮層」があり、この皮層が里いものうまみや栄養、それらを保つぬめりを守っていたのです。外皮のみを取り除き、皮層を残して調理すると、ねばりが30％、食物繊維の量が20％も増えて、里いも本来の味を楽しめます。

左上の方法のほかにも、アルミ箔を肩幅くらいの長さに切って丸めて、ぬらした里いもをこすると、手早く外皮だけをむき、皮層を残すことができます。

※アルミむきは、こすりすぎるとぬめりが出やすくなるので注意してください。皮膚が弱く、かゆくなりやすい人は控えるか、ゴム手袋を使ってください。かゆくなってしまう場合は、流水の中で皮をむき、そのあとすぐにせっけんで手洗いを。

超ネバネバオクラで、絶品ののどごしに！

オクラそうめん

ゆでずに
最強の
ネバネバを！

今までのやり方

ゆでたオクラを使う

ねばりを最大限に出せず、糖の吸収を抑える効果もいまいち。

2016年7月27日放送「オクラ！ ネバネバパワー新伝説」

「科学の知恵」でガッテン流は極うまになる！

生を細かく刻んで、水と混ぜると驚きの粘りが！

オクラのネバネバ成分の多くは、水溶性の食物繊維。水溶性食物繊維には、ダイエット効果や血糖値の上昇を抑え、糖尿病を防ぐ作用があるといわれます。これは、ネバネバのゲル状になった繊維が食べ物を包み込み、糖の吸収をおだやかにしてくれるため。

このネバネバをさらに増強するには、「生のまま」「細かく刻んで細胞壁を壊す」「水と合わせてネバネバ成分を外に出す」のが秘訣です。

そこで考案したのが「超ネバネバオクラ」。オクラに含まれるネバネバ成分が、驚くほど引き出され、また味も、生特有の青くささが抑えられ、ゆでたオクラでは味わえない風味と、粘りを楽しめます。

材料〔作りやすい分量〕

そうめん……………………お好みの分量
オクラ・水……………………………適量
（オクラ５本に対して水大さじ２が目安）

※下記の方法で作った「超ネバネバオクラ」は、冷蔵庫で保存できますが、変色してくるので、できるだけ１回で食べきれる分量にしてください。

・1人分の栄養データ・
エネルギー：294kcal　脂質：0.9g　塩分：2.3g

作り方

1 オクラを細かく刻む

ここがガッテン流！

オクラは水洗いし、生のままみじん切りにする。このとき、ヘタの下からとがった先までタテに切れ目を数本入れておくと細かく刻みやすい。

2 水を加える

刻んだオクラをボウルに入れ、オクラ５本に対して、水大さじ２を加える。

※フードプロセッサーを使う場合は、水を加えてから撹拌《かくはん》してください。

3 混ぜる

箸で１分ほどかき混ぜる。粘りが出てかたまりのように持ち上げられるようになったら、「超ネバネバオクラ」の完成。

4 盛りつける

そうめんをゆで、お好みの量の「超ネバネバオクラ」とめんつゆを混ぜたものをつけながらいただく。

好みに合わせて苦みを調節！

春菊のあっさり炒め

材料〔作りやすい分量〕

春菊……150g

A

- 長ねぎ（みじん切り）……5g
- 水……70㎖
- おろししょうが……4g
- おろしにんにく……2g
- 中華だしの素・しょうゆ……各小さじ1
- 塩……2g

ごま油……小さじ1

・全量の栄養データ・

エネルギー：87kcal　脂質：4.5g　塩分：4.7g

作り方

1 葉と茎に分ける

あらかじめ、春菊の葉と茎を分けておく。調理時に葉と茎で加熱時間を変えると、好みに合わせて苦みを調節できる。

2 茎を炒める

熱したフライパンにごま油をひき、春菊の茎を炒める。

3 調味料を加える

火が通ったら、**A**を加えて炒める。

4 葉を加えて10秒炒める

全体がなじんだら春菊の葉を加え、10秒間ほど炒めて火を止める。このとき、20秒間以上炒めると、春菊の苦みを強くすることができる。

今までのやり方

葉も茎もじっくり加熱

葉は加熱して10秒を過ぎると苦みが増すため、苦手な人も。

生のまま食べる春菊レシピ！

春菊とたいとりんごのサラダ

・1人分の栄養データ・

エネルギー：115kcal　脂質：3.1g
塩分：1.1g

材料〔2人分〕

春菊の葉½袋（約80g）、たいの刺身60g、りんご⅙個、きゅうり½本、**A**【酢・砂糖各大さじ1、みそ・コチュジャン各大さじ½、おろししょうが4g、白すりごま小さじ1】

作り方

❶春菊の葉を4〜5㎝長さに切る。たいはそぎ切り、りんごは皮つきで細切り、きゅうりは縦半分にして斜め薄切りにする。❷**A**をよく混ぜ合わせ、コチュジャンだれを作る。❸ボウルに、春菊の葉ときゅうりを入れ、やさしく混ぜる。❹器に❸を盛り、りんごとたいをのせ、❷のたれを回しかける。

2015年1月14日放送「今夜は鍋! あの春菊が香り苦み自由自在で大変身!」より

「科学の知恵」で
ガッテン流は極うまになる!

加熱時間によって春菊の苦みは変化する

春菊が好きな人も、苦手な人も、その理由として挙げるのは、独特の「香り」と「苦み」。

そこで番組では、中国料理のプロのワザに注目。なんと、春菊を葉と茎に分け、それぞれ加熱時間を変えて調理していたのです。

じつは、春菊の苦みは茎ではなく、葉に多く含まれています。そしてその苦みは、加熱時間によって変化。10秒を超えると苦みが増し、20秒経つと、かなり苦くなるのです。

この春菊の特性を生かし、苦みが苦手な人は10秒の短時間加熱。苦みを感じにくくなるぶん、春菊が持つうまみを感じられるようになります。苦みが好きな人は20秒のじっくり加熱。春菊の香りや苦みを存分に味わうことができます。

春菊

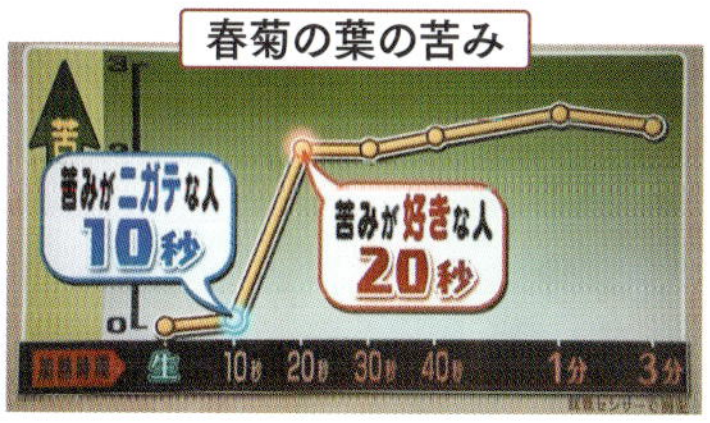

春菊の苦みは、加熱時間10秒を超えると一気に増し、20秒経つとかなり苦くなる。加熱されることで、苦みの原因のひとつ、ポリフェノールが出てくるためと考えられる。

◆ 材料〔作りやすい分量〕

絹ごし豆腐……………1丁（250g）
薬味（青ねぎなどお好みで）・しょうゆ
……………………………………各適量

・1個分の栄養データ・
エネルギー：20kcal　脂質：0.9g　塩分：0.3g

◆ 作り方

1 冷蔵庫から豆腐を出し、8等分する

2 小鉢に入れ、室温に約20分おく

ここがガッテン流!
20分間

室温（27℃）に約20分間おくと、豆腐が17℃くらいになる。お好みで薬味をのせてしょうゆをかける。

今までのやり方

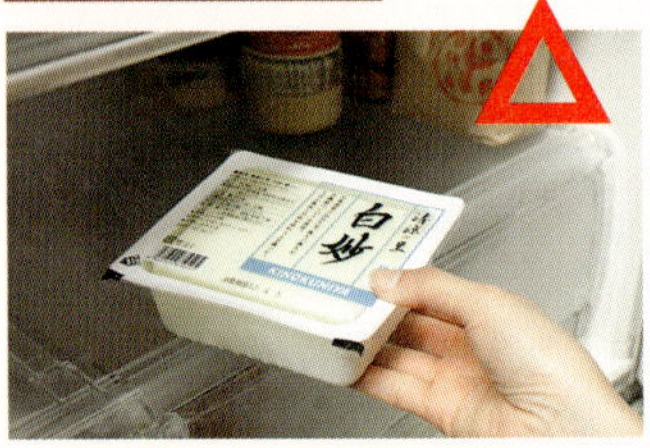

冷蔵庫で、直前まで冷やしておく
冷えすぎて、うまみを感じにくい。

おいしさと冷たさの両方を生かす絶妙の温度

冷ややっこ①
17℃豆腐

お手頃価格の豆腐が、別次元のおいしさに!

2010年8月4日放送「冷え〜〜！ 豆腐の味が劇的にアップする大技」より

「科学の知恵」で ガッテン流は**極うま**になる!

豆腐のおいしさは温度で大きく変化する!

豆腐のおいしさの決め手は、豆腐に4%ほど含まれる大豆油という成分。この油は、温度が上がるとやわらかくなって、豆腐のプルプル感がアップすると同時に、大豆由来の香り成分も出てきます。そのため、冷やしすぎるとうまみが生かしきれません。冷ややっこは、じつは17℃が、冷たさとうまみを最大限に感じられる、最適な温度なのです。

また、大豆油のおいしさを生かすなら、豆腐は熱々が美味。一方で、冷ややっこらしい冷たさも魅力。そこで編み出したのが、熱湯で温めた豆腐と、冷蔵庫から出したばかりの豆腐を重ねるワザ。うまみと冷たさを同時に楽しめる、新食感の冷ややっこです。

豆腐のおいしさが味わえる、技アリ冷ややっこ

冷ややっこ②

二段重ね豆腐

1つの豆腐で
多様な味を
楽しめる！

材料〔作りやすい分量〕

絹ごし豆腐……………1丁（250g）
粉末かつお節・塩・薬味（青ねぎ、しょうがなどお好みで）…………各適量

・全量の栄養データ・
エネルギー：145kcal　脂質：7.5g　塩分：1.0g

作り方

1 冷蔵庫から豆腐を出し、上下半分に切る

2 半分を温める

ここがガッテン流！

鍋に1ℓのお湯（分量外）をしっかり沸騰させたら、火を止め、1の上半分をひたして4分間おく。

3 半分はかつおぶしと塩をかける

残った下半分の豆腐を器にのせ、かつおぶしと塩をかける。その上に、2の温めた豆腐を重ね、お好みで薬味をのせる。

二段重ねにぴったりの
アレンジソースをご紹介　香り絶品 **極上ソース**

材料〔作りやすい分量〕と作り方

ふわふわ夏野菜ソース

❶きゅうり1本、みょうが2個をフードプロセッサーにかけ、ボウルに取り出し、塩小さじ1をふって軽く水けをきる。

❷しょうが10g、オクラ5本をフードプロセッサーにかけ、①と混ぜ合わせて、だし汁½カップを加え、泡立て器でよく混ぜる。

・全量の栄養データ・
エネルギー：32kcal　脂質：0.2g　塩分：3.1g

うまトマ塩ソース

トマト½個を細かいみじん切りにし、塩適量で強めに味をつける。

・全量の栄養データ・
エネルギー：14kcal　脂質：0.1g　塩分：2.0g

黄身おろしソース

❶大根おろしを¼カップ作り、大根から出た汁を大さじ1ほど取り除く。

❷①に、卵黄1個分を混ぜる。

・全量の栄養データ・
エネルギー：84kcal　脂質：6.7g　塩分：0.0g

お手頃価格の豆腐が、温度管理で料亭の味に！

湯豆腐

2008年2月20日放送「極上に変身！ 湯どうふ大革命」より

材料〔2人分〕

豆腐……………………………………1丁
水………………………………………1ℓ
お好みのたれと薬味（ポン酢だれ、万能ねぎの小口切りなど）………各適量

・1人分の栄養データ・
エネルギー：115kcal　脂質：6.3g　塩分：0.8g

作り方

1 土鍋に水を沸かし、しっかりと沸騰させる。

2 火を消して、6等分に切った豆腐を入れる。

豆腐を入れることで、お湯の温度が70℃に下がる。

3 ふたをして5分で完成。余熱だけで、中を50℃に温める。

豆腐２丁の場合は、1.5ℓの湯で同じく5分間。

今までのやり方

しっかり加熱する

豆腐は70℃を超えると、フワッとした食感が失われてしまう。

「科学の知恵」で
ガッテン流は極うまになる！

極上の湯豆腐は外70℃、中50℃

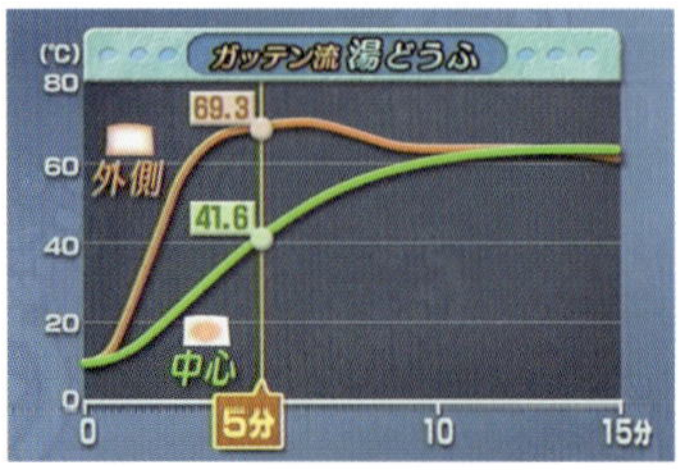

ガッテン流で作った湯豆腐の外と中の温度変化を調べると、火を消した5分後が理想の温度になることがわかった。

豆腐のやわらかな食感には、弾力の「プルプル感」と歯ごたえの「フワッと感」があります。両方が絶妙な状態は、豆腐の外側が70℃のとき。

また、人の味覚は豆腐の温度が体温に近いと甘みを感じるという特徴も。つまり、外側を70℃前後に、中は大豆の甘みを感じ、あたたかさもある50℃にすれば、極上の湯豆腐になるのです。

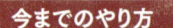

食卓の主役に大変身!

高野豆腐のプルプル湯豆腐

今までのやり方

ぬるま湯でもどしてしょうゆで煮る

煮汁がしみ込んだ、高野豆腐の昔ながらの1品。

地味な食材が熱湯で立派な主役に!

「科学の知恵」でガッテン流は極うまになる!

2015年5月27日放送「あの高野豆腐がプルン ヘルシー激ウマ七変化」より

材料〔作りやすい分量〕

高野豆腐……………………………2個
水……………………………………1ℓ
青ねぎとごま油、オリーブ油と
　塩など（すべてお好みで）………各適量

全量の栄養データ

エネルギー：257kcal　脂質：19.6g　塩分：1.4g

作り方

1 水を土鍋に入れて加熱する。

2 沸騰したら、火を止めて高野豆腐を入れ、軽く沈めたらふたをして4分間放置。

塩分が多いしょうゆなどをかけると縮んでしまうため、ねぎやごま油、オリーブ油と塩などでいただくのがおすすめ。

※加熱しすぎると、高野豆腐がやわらかくなりすぎてしまうことがあるため、注意してください。
※湯豆腐は、温度が冷めにくい土鍋で調理するのがおすすめです。

常識破りの「熱湯もどし」でプルプルに

「40～50℃のぬるま湯」で、もどすことが推奨されている高野豆腐。この方法なら、角が立った美しい仕上がりで、やけどの心配もありません。

この高野豆腐を、あえて熱湯でもどすと、なんと、プルふわな食感に。高野豆腐に含まれる重曹成分の働きで、表面がとろとろに溶けて、淡雪のような口どけになるのです。

ここでは「熱湯もどし」ワザを使った湯豆腐をご紹介しましたが、ほかにも熱湯でもどした高野豆腐の使い道は無限大。コーンスープやお吸い物、豆乳などに入れるのもおすすめ。一方、しょうゆ、酢、レモン汁、トマトソースなど、酸性のものと合わせると、高野豆腐が縮んでプルプル食感が損なわれるのでご注意を。

※やけどをしないよう、じゅうぶんご注意ください。

油揚げが〝主役級〟のおいしさに変身！

あさりと油揚げの酒蒸し

材料〔2人分〕

薄い油揚げ……2枚
あさり……12個
　酒……大さじ2
　水……大さじ1
　塩（お好みで）……ひとつまみ
三つ葉（お好みで）……適量

・1人分の栄養データ・
エネルギー：135kcal　脂質：10.4g　塩分：0.9g

作り方

1 ガッテン流油揚げを作る

ここがガッテン流！

薄い油揚げを、それぞれ大・中・小の大きさになるように3つに切る。
両端を大・中、内側を小にする。

小を中につめ、それを大に入れる。

2 油揚げとあさりを加熱する

フライパンに油揚げ、あさり、酒、水、お好みで塩を入れて、強火で1分間加熱したら、中火にして3分間加熱する。
あさりのうまみをじゅうぶん引き出すために、しっかり加熱。

3 器に盛る

器に盛り、お好みで三つ葉を散らす。

今までのやり方

薄い油揚げを細切りにしてそのまま使う
ほかの食材を引き立たせる、名脇役として重宝している人気者。

2012年5月16日放送「アチッ ジュワッ！ 油あげ 食卓のおかず倍増計画」より

「科学の知恵」で
ガッテン流は極うまになる！

薄い油揚げで、油揚げ王国・福井の歯ごたえを再現！

油揚げの世帯当たりの年間購入金額が全国1位の、油揚げ王国・福井県。その大きさは、一般の薄い油揚げとくらべて超巨大で、なんとだしを吸う吸収力は2倍、歯ごたえは9倍。そのため、福井の油揚げは、1枚の油揚げをそのまま煮込むなど、料理の主役になれるのです。

そこで番組が、身近に手に入る薄い油揚げで、福井のような吸収力と歯ごたえを再現するために作り上げたのが、ガッテン流油揚げ。1枚の薄揚げを3つに切って包めば、主役級油揚げの完成です！

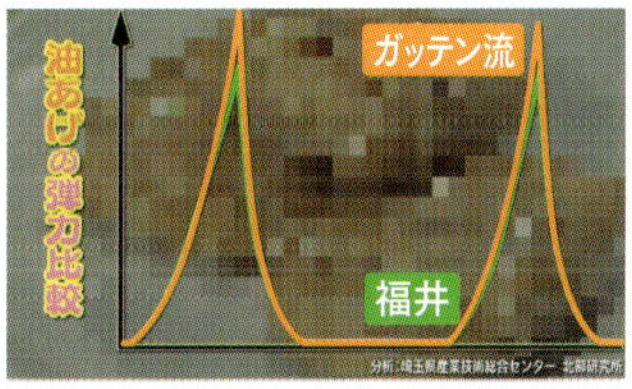

ガッテン流（オレンジの線）と、福井の油揚げ（緑の線）の歯ごたえを比較すると、福井の油揚げを上回る歯ごたえを実現。さらに、ガッテン流はだしの吸収量もアップしていた。

福井県で愛される油揚げは、幅14㎝、厚さは4㎝と超巨大。厚さは一般的な薄い油揚げの5倍もあります。

カロリーがぐんと下がって、プリプリ＆ジューシー

天ぷら

2011年12月7日放送「銀座・高級天ぷら技が我が家のものになる！」より

「科学の知恵」で
ガッテン流は極うまになる！

極薄の「達人流」衣で、プリプリとヘルシーが共存！

油っぽくなくヘルシーで、素材の味や香りが味わえる達人の天ぷら。家庭での再現を目指し、衣を水で薄めてみたところ、かえってカロリーが増えることが判明。これを避けるのが、打ち粉。たねに打ち粉をすれば、極薄衣でもたねを包めます。

さらに最大のコツは、衣を破らないこと。箸でたねを強くはさまず、返すときも転がすようにすると、衣に穴があかず、ジューシーな仕上がりに。野菜は厚切りにして、余熱を使ってひと工夫。衣が少なめで歯ごたえも楽しめます。

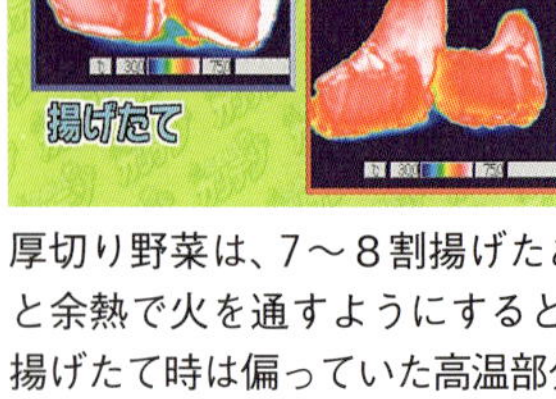

厚切り野菜は、7～8割揚げたあと余熱で火を通すようにすると、揚げたて時は偏っていた高温部分が、じわじわ全体に広がっていく。

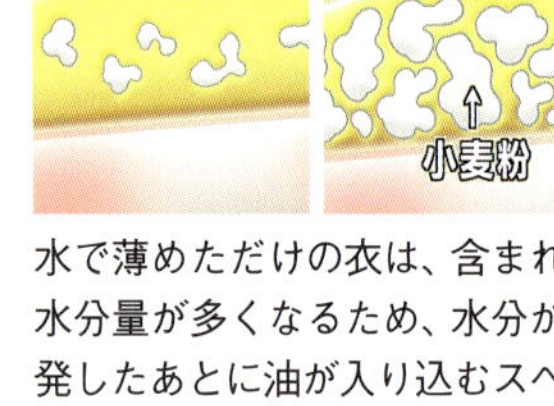

水で薄めただけの衣は、含まれる水分量が多くなるため、水分が蒸発したあとに油が入り込むスペースが増えてしまう。

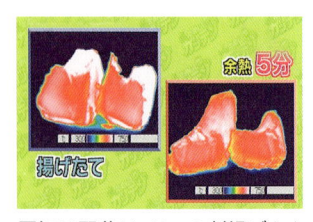

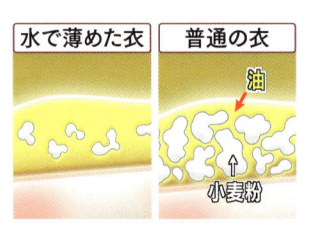

かぼちゃを揚げる

1

大きめに切り分けて手で入れる。

かぼちゃは3cm幅に切り分けて打ち粉をし、衣液適量をつけ、皮の部分を下にして180℃の油に入れる。

2

すべての面が油に触れるように返す。

むやみに触らず1分間おきに返す。すべての面が油に触れて7～8割揚がったら引き上げる。

3

ペーパータオルで包む。

バットにとって油をきり、1つずつペーパータオルに包んで余熱で中まで火を通す。

素材別 切り方と加熱時間

切り方	揚げ時間	余熱
かぼちゃ 幅3cm 	8分間	5分間
さつまいも 厚さ1.5cm 	5分間	10分間
れんこん 厚さ1.5cm 	5分間	5～10分間※

※れんこんの余熱は、シャキシャキ好きは5分間、ほくほく好きは10分間が目安。

衣液の作り方

1

卵を冷水に割り入れて、箸でしっかりと混ぜる。

※先に卵を溶くと、白身が混ざりきらず、残ってしまいます。

2 泡立ってきたら混ぜるのをやめ、表面に浮いた泡を箸先ですくって捨てる。

3 卵液250mℓに、薄力粉を3回に分けて加え、泡立て器で8の字を描くようにさっくり混ぜる。

※残った卵液は調整用に使います。

必ず打ち粉をする

シャバシャバの衣液なので、素揚げにならないよう、全体に薄力粉を薄くまぶし、余分な粉を落としてから衣液をつける。

油は深さ2cm

鉄製のフライパンで。油の深さは2cmあれば十分。26cmのフライパンで700mℓが目安。減ってきたら随時足す。

材料〔作りやすい分量〕

衣液

- 冷水……500mℓ（2½カップ）
- 卵（冷やしたもの）……1個
- 薄力粉……250mℓ（1¼カップ）

※薄力粉は冷やしてふるってから計量カップなどで計測してください。

たね

- かぼちゃ……人数分
- 冷凍えび……人数分
- にんじん……20g

薄力粉（打ち粉）……適量

揚げ油……適量

かぼちゃ1つ分の栄養データ

エネルギー：234kcal　脂質：15.0g　塩分：0.0g

今までのやり方

衣を水で薄めて使う

カロリーがかえって増えてしまう。

たねを箸で強くはさむ

衣が破れて油っぽくなる。

かぼちゃ・にんじん・えび

かき揚げを作る

1

にんじんはできるだけ細いせん切りにして薄力粉をまぶし、薄めた衣液に入れる。

時間をおくと水分が出るため、揚げる直前に細いせん切りにし、すぐに薄力粉をまぶす。衣液50mℓに調整用の卵液55mℓを入れ、全体につける。

2

油に入れたら全体に広げる。

200℃の油に入れる。すぐに全体に広げ、いったん広げたら固まるまで、しばらく触らない。

3

箸でからめとるようにまとめる。

30〜40秒間して泡が細かくなってきたら、箸をクルクルと速く回して一気ににんじんをからめて取り出す。

えび1尾分の栄養データ

エネルギー：92kcal　脂質：4.8g　塩分：0.2g

かき揚げ1個分の栄養データ

エネルギー：77kcal　脂質：7.4g　塩分：0.0g

えびを揚げる

1

下処理をする。

背わたを取り、尾の先を切った後、腹に深い切り目を何か所か入れると、水はねと丸まりを防げる。

2

打ち粉をする。

尾を持ち、8の字を描くようにくるりと1回転させて打ち粉をする。

3

揚げ油に入れる。

尾を持ったまま衣液適量にひたして、手首を返すようにしながら200℃の油に入れる。

※やけどに注意してください。

4

箸で転がす。

1分ほどたったら、箸ではさまず、たこ焼きをひっくり返すようなつもりで転がして返す。2〜3分間ででき上がり。

※冷凍えびなのでしっかり加熱します。

上手に作る極意

衣を破らないことが失敗しない大原則！

ついやってしまいがちなのが、たねを箸で強くはさむこと。その部分の衣が破れてしまうと、そこからどんどん油が入り込んでベタッとした仕上がりになってしまいます。たねは、箸ではさまず、箸にのせるようにして油に滑らせるように入れましょう。極太の箸を使うとうまくいきます。指でそっと持って入れてもOK。

達人の持ち方

太い箸にのせるようにして、油の表面をめがけて滑らせるのがコツ。衣が破れないので、たねは蒸されてしっとり。

素人の持ち方

箸のあとが！

素人はたねが落ちないように強くはさんで持ってしまうため、衣にあとがつき、油が入り込んでしまう。

第2章

常識破りで、ラク〜に極うま！

わが家の定番
大人気おかず

水マジックと二度揚げで、絶品の味に！

鶏のから揚げ

今までのやり方

下味をつけるだけ

肉の水分が逃げ、揚げる際に下味も抜けてしまう。

きつね色になるまで揚げる

身がパサパサになってジューシーさが失われる。

材料〔4人分〕

鶏もも肉……400g

下味
- しょうゆ……大さじ2
- 鶏ガラスープの素……小さじ⅓
- 酢・砂糖……各小さじ1

水……大さじ2

溶き卵……1個分

A
- 片栗粉……40g
- 上新粉……10g

・1人分の栄養データ・

エネルギー：387kcal　脂質：27.6g　塩分：1.7g

作り方

1 下ごしらえをする

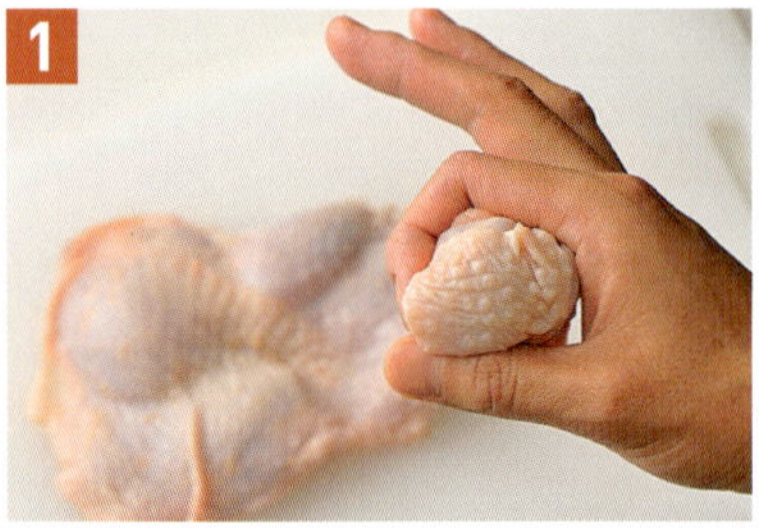

肉は手でOKサインをしたときの指の輪ぐらいの大きさ（25g）に切りそろえ、下味に30分つけ込む。

揚げる直前に、水を入れ、20～30秒間で素早くもみ込む。

下味につけ込むと味がしみ込む一方、肉に含まれていた水分が外に出てしまうため、水分を補給する。短時間でもみ込めば、味は抜けない。

3 溶き卵をつけてから、**A**を合わせた粉をまぶす。

粉だけだと、揚げたてはカリッとなっても、時間がたつと水分を吸って崩れてしまう。卵をつけておくと、卵が接着剤の役目を果たしてくれるため、ふんわりと揚がり、冷めても衣がかたくならない。

2 二度揚げる

揚げ油（分量外）を180℃に熱し、1分30秒間揚げる。

この段階で、肉の中心温度は30℃くらいまで上がる。

4分間休ませる。衣の余熱で、じわりじわりと中に火が通る。

4分後には、肉の中心温度はすでに65℃を超えている。

再び180℃で、40秒間揚げる。

2回目の揚げは、衣を色づかせてカリッとさせるためだけなので、短時間でOK。

骨付き肉（手羽元、手羽先）の場合の揚げ方は？

1個の重さが50～60gの場合、「1度目の揚げを3分、休ませる時間が4分、2度目の揚げを1分」がベスト。重さが40gなら「1度目の揚げを2分半」、重さが80gなら「1度目の揚げを3分半」が目安に。

2001年6月6日放送「目からウロコが落ちる！ から揚げの鉄則」より

「科学の知恵」で
ガッテン流は**極うま**になる！

鶏肉の最もジューシーでおいしい温度は65℃！

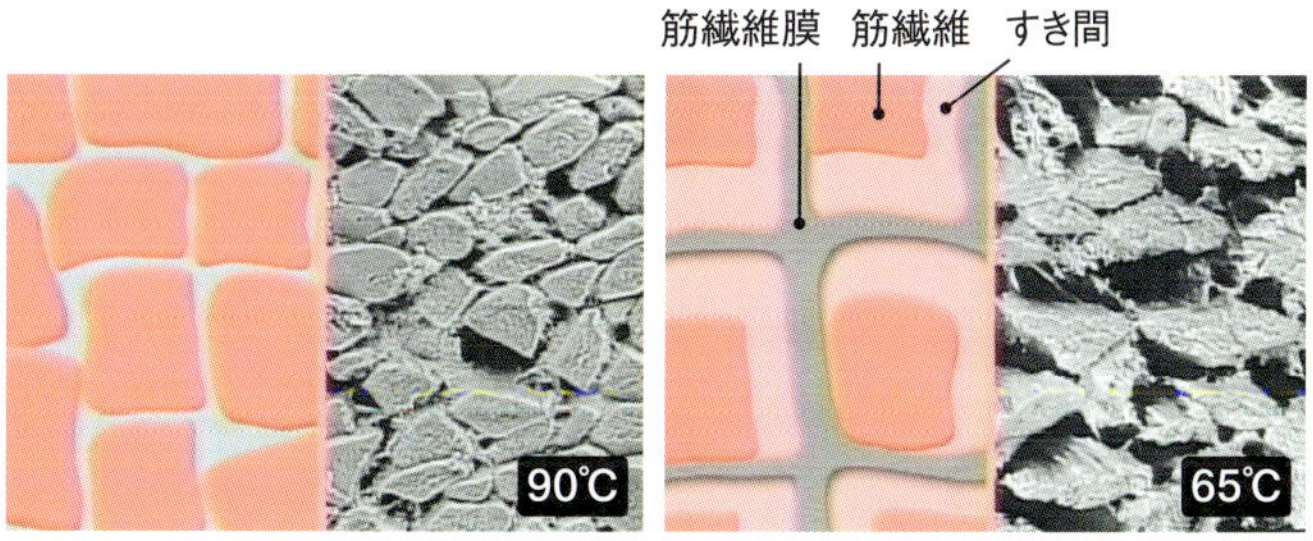

65℃では、できたすき間に肉汁がたまるが、90℃になると膜が溶けてすき間がなくなるため、肉汁はしぼり出され、かたい肉に。

50℃、65℃、90℃まで加熱した鶏肉を、それぞれ電子顕微鏡でチェックしてみると、50℃では筋繊維とそれを包む筋繊維膜の間のすき間が少ないですが、65℃では急増。このすき間に肉汁がたまります。ところが、90℃では筋繊維を包む膜が溶けてすき間が再びなくなり、パサパサになってしまうのです。

つまり、鶏肉は60～80℃くらいになるように揚げるのが、ジューシーさの秘けつ。この温度帯に仕上げるコツが、二度揚げです。

シチュー

ずーっと弱火調理だから
煮崩れなしのなめらかな舌触り！

材料〔5皿分〕

鶏もも肉（一口大に切る）…………200g
玉ねぎ（くし形切り）………………中1個
じゃがいも（一口大の乱切り）
……………………………………………中2個
にんじん（一口大の乱切り）
……………………………………………中½本
ブロッコリー（小房に分けてゆでる）
……………………………………………½株
水……………………………………4カップ
シチューのルウ（市販品）…………1箱
サラダ油…………………………………適量

・1人分の栄養データ・
エネルギー：251kcal　脂質：11.3g　塩分：2.2g

作り方

1 肉と野菜を炒める

鍋に油を熱し、ブロッコリー以外の野菜と、肉を焦がさないように炒める。

2 弱火で煮てぬれぶきんの上でルウを入れる

ここがガッテン流！

1

水を加えて沸騰するまで弱火でじっくりと加熱する。
低温加熱が野菜の煮崩れを防ぐ。

2

沸騰したらアクを取り、具がやわらかくなるまで弱火から中火の間で煮込む。

ここがガッテン流！

3

いったん火を止めたら、鍋をぬれぶきんの上に5～10分間ほどのせて粗熱を取り、ルウを割り入れる。
ダマを作らないコツは、スープの温度が80℃に下がったときに、ルウを入れること。ほうろう鍋でシチュー4人分を作った場合で約5分間、ガラス鍋では約10分間が目安。

4

コンロに戻し、弱火にかけ、ブロッコリーを入れてとろみがついたらでき上がり。

今までのやり方

グツグツ煮込む
野菜が煮崩れる原因に。

火を止めて
すぐにルウを入れる
ルウがダマになりやすい。

2002年1月16日放送「発見！シチューの極意」より

「科学の知恵」で
ガッテン流は極うまになる！

野菜の煮崩れやダマはすべて温度で解決！

やりがちなのが煮込む際に最初は強火で、沸騰してから弱火にするパターン。じつはこれは煮崩れのもと。野菜は、60～70℃付近の温度帯であれば、野菜の細胞をつなぐ鎖であるペクチンが、酵素の働きによってしっかりと固まります。つまり、弱火で徐々に加熱すれば、この温度帯になったときに野菜がしっかりと固まるため、煮込んでも、具はきれいな形を保ったままでいられるのです。

また、ルウを入れるとダマになりやすいのは、ルウの小麦粉のでんぷんが高温で糊化してしまうから。80℃まで温度を下げればダマはできません。粗熱を取ることも、大切なコツのひとつです。

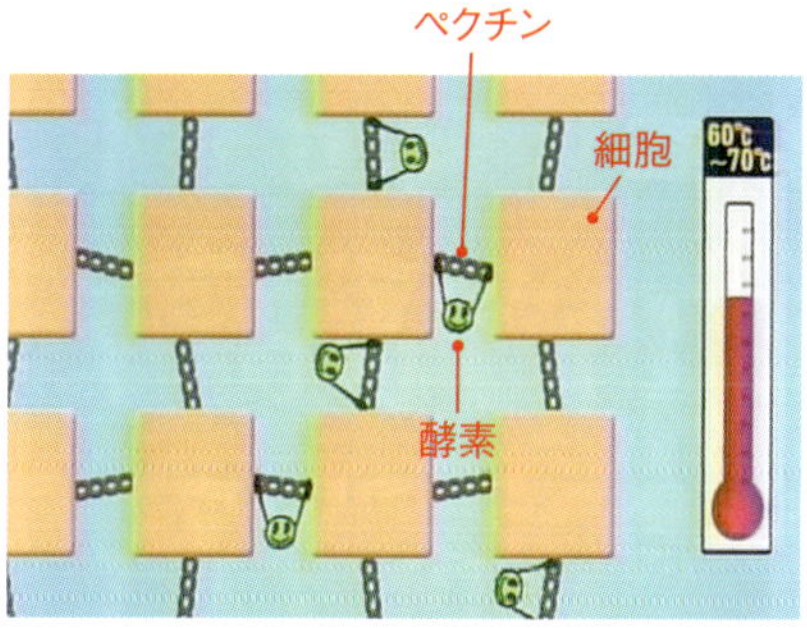

60～70℃でペクチンの鎖を補強する酵素が発生するため、この温度帯が長いほど野菜は煮崩れしにくくなる。

鶏肉

市販のルウで高級店の本格味に！

カレー

ひと手間かけて専門店の味に！

今までのやり方

野菜と肉を一緒に炒める

煮込んでいる際に肉汁が流出し、肉が縮んでかたくなる。

ルウのあと隠し味を入れる

市販のルウの場合、効果が出にくく、足しすぎると味のバランスが崩れる。

2007年1月31日放送「うまさ別次元！ カレー大革命」より

「科学の知恵」でガッテン流は**極うま**になる！

隠し味をきかせるには、市販のルウを減らすべし！

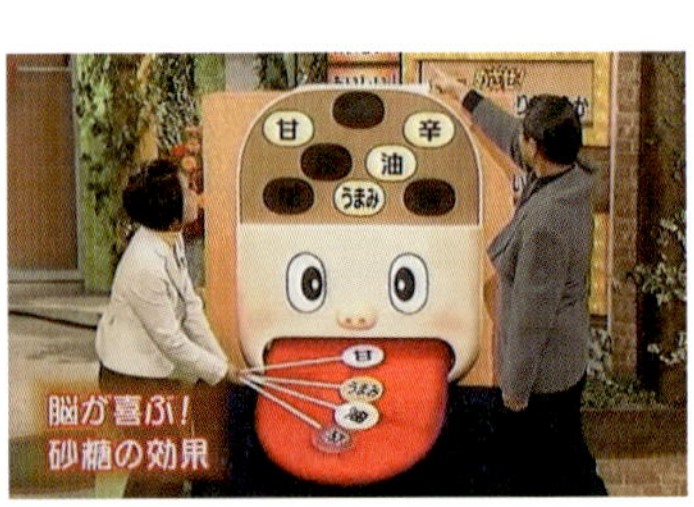

舌はまず甘みを感じておいしいというスイッチが入る。するとその後、油や苦みを感じても脳はおいしいと反応する。

番組では、市販のルウを使って、ホテルやレストランのような高級感あふれるカレーを目指しました。

カレーはにんにく、バター、赤唐辛子、砂糖を加えると、おいしくなるということがわかりました。これは、味覚が最初に甘みを、次にうまみや苦み、最後に辛さを感じることでおいしさがステップアップするという味覚のメカニズムに沿ったものです。しかし、市販のルウはすでにバランスよく味つけがされているので、ほかの調味料を加えても効果が出にくく、加えすぎると、かえってくどくなります。

そこで、カレールウの使用量を減らし、この4つの調味料を加えて仕上げました。さらに肉は、別に調理することで縮まず、高級店並みのカレーを作ることができました。

材料〔5皿分〕

※調理過程の中でざるでこす手順があるため、少なめの仕上がり量となります。

ポークソテー用の豚肉（1.5cm厚さ）……2枚
玉ねぎ（薄切り）……300g
にんじん（いちょう切り）……100g
じゃがいも（8等分に切る）……大1個
赤唐辛子（種を取る）……2本
にんにく（薄切り）……10g
水……3¼カップ
カレールウ（市販品）……2.5皿分
※5皿分の半分量
バター……20g
砂糖……小さじ1
サラダ油……大さじ2

・1皿分の栄養データ・　※ご飯を含まない場合。
エネルギー：323kcal　脂質：20.7g　塩分：1.2g

作り方

1 カレーを作る

1

フライパンに油と赤唐辛子を入れて火をつけ、弱火で炒める。香りが出てきたら、にんにくを加え、フライパンをかたむけながらきつね色になるまで炒める。

2

玉ねぎを加え、強火で7～10分間あめ色になるまで炒める。

3

水を加え、フライパンにこびりついた玉ねぎをこすり落とす。ここに玉ねぎの甘みとうまみがつまっているので、しっかりととる。

4

赤唐辛子をとり出した3とにんじんを、なめらかになるまでミキサーにかける（必ず40℃以下まで下げてから入れること）。

5

フライパンに4と赤唐辛子を戻し、じゃがいもを入れ、ふたをして弱火で20分間煮る。

6

じゃがいもと赤唐辛子をとり出し、残った材料をざるに移して、全体量が減らないようしっかりとこす。

なめらかな食感に仕上げるコツ。

7

6をフライパンに戻し、ルウ、バター、砂糖を加え混ぜる。

8 ルウが溶けたら、弱火で3～5分間とろみが出るまでかき混ぜながら煮込み、じゃがいもと赤唐辛子を戻す。

2 ポークソテーを焼く※

1 フライパンを強火で1分間予熱し、塩・こしょうをふった肉を入れて15秒間加熱したら中弱火で1分間加熱する。

肉は別に焼いて、食べるときにカレーソースと合わせることで、やわらかくジューシーな肉を楽しめる。

2 裏返してふたをして1分30秒間加熱する。

3 フライパンからとり出し、まな板の上で1分半放置したあと、食べやすい大きさに切る。

3 お皿に盛りつけて完成

あたたかいご飯（分量外）に、カレー、肉の順番で盛る。

※ポークソテーの焼き方は、100ページでさらに詳しく紹介しています。ここではその簡易版を紹介しています。

お手頃価格の肉を最高級の味に

ステーキ

材料〔2人分〕

ステーキ用牛肉……………………2枚
塩・こしょう・サラダ油………適量

・1人分の栄養データ・

エネルギー：529kcal　脂質：44.9g　塩分：1.0g

作り方

1 冷蔵庫から出した肉を、やわらかくなるまで1時間ほど寝かせて常温にもどす。

ここがガッテン流！

2 赤みのまわりについている筋を切り落とす。

3 包丁の刃先を立てて、肉の繊維に直角に当て、切り目をつける。

ここがガッテン流！

繊維を切らないと、かたくてかみ切りにくい。

4 フライパンを強火で2分間予熱して油をひき、煙が出るほど加熱できたら、塩、こしょうをふった肉を、お好みの加減に焼く。

ここがガッテン流！

今までのやり方

冷蔵庫から取り出してすぐ焼く

肉が縮んだ状態で焼くため、かたさが残る。

特売品をステーキ専門店の味に！

1999年6月23日放送「グルメもうなる！ 家庭料理術」より

「科学の知恵」でガッテン流は**極うま**になる！

やわらかくした肉を高温で調理

番組では、専門店のステーキを、特売品の肉を使って家庭で作れる方法を目指しました。やわらかくおいしいステーキを作るポイントは、肉をしっかり常温に戻し、肉の表面につやが増し、全体がやわらかくなっているのを確かめてから焼くこと。また、肉の繊維を効率よく切るために、包丁の刃先で繊維に対して直角に当てて切ること。さらに焼く際は十分に熱した高温のフライパンで焼くことです。

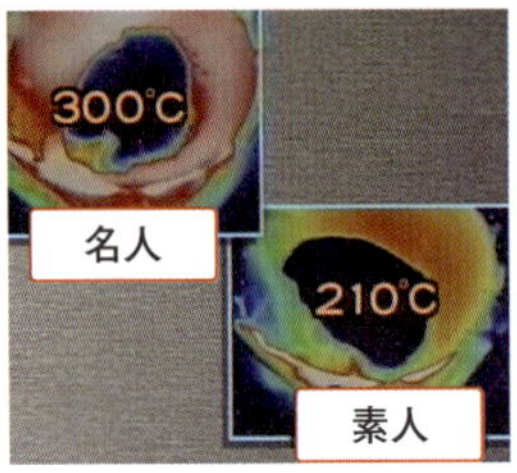

ステーキを焼く温度の比較。名人は300℃の高温で焼いていたのに対し、素人は名人に比べ低温で、焼かれた肉はかたくていまいち。

鶏もも肉を使わなくてもジューシー！

鶏むね親子丼

今までのやり方

△

鶏むね肉をそのまま使う
肉汁が流出し、肉がパサパサ。
煮汁でご飯もシャバシャバに。

「科学の知恵」で
ガッテン流は**極うま**になる！

2013年4月24日放送「卵！98%使い切りワザ」より

卵白の保水力で、時間が経ってもジューシー！

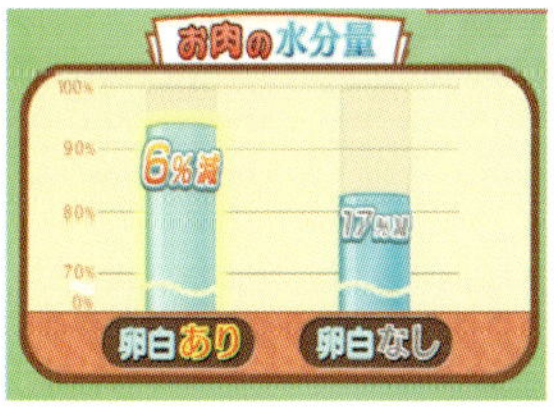

加熱後の水分量を比較。卵白をもみ込んだ肉は、中の水分の減少が6%に抑えられたのに対し、卵白なしは17%も水分が流出。

ゼリー状で、水分を抱える力が高い卵白。この卵白の保水力を利用すれば、おかずをジューシーに保てます。

パサパサで扱いにくい印象の鶏むね肉ですが、これは加熱されて70℃付近になると、肉汁が流れ出るため。ところが肉に卵白をしみ込ませておくと、卵白が肉汁をしっかりと抱えて70℃を通過。さらに80℃になると肉汁を抱えたまま固まり、時間がたってもジューシーさが長続きします。

材料〔2人分〕

- 鶏むね肉……1枚（300g）
- しいたけ（石づきをとり、4つに切る）……2枚
- 長ねぎ（斜め1cm幅に切る）……80g
- 三つ葉（ざく切り）……適量
- 卵……2個
- ご飯……どんぶり2杯
- 煮汁
  - 水……180mℓ
  - しょうゆ・みりん……各大さじ2
- 水溶きかたくり粉……適量

・1人分の栄養データ・
エネルギー：689kcal　脂質：15.0g　塩分：3.0g

作り方

1 鶏むね肉は一口大に切り、フォークで刺して穴をあけ、卵白1個分（分量外）をもみこんで10分間おく。

肉が卵白を取り込み、卵白の保水力で肉がジューシーさを保つことができる。

2 鍋に煮汁としいたけ、長ねぎ、鶏むね肉を入れて火にかける。

3 長ねぎと鶏むね肉に火が通ったら、水溶きかたくり粉を加えてとろみをつけ、溶いた卵を流し入れ、半熟状になったら火を止め、三つ葉を散らす。

4 どんぶりに盛ったご飯の上にかける。

丸ごと焼いてもしっとりジューシー！

鶏むね肉のソテー

水分をとじ込めて、**ジューシー**な食感に！

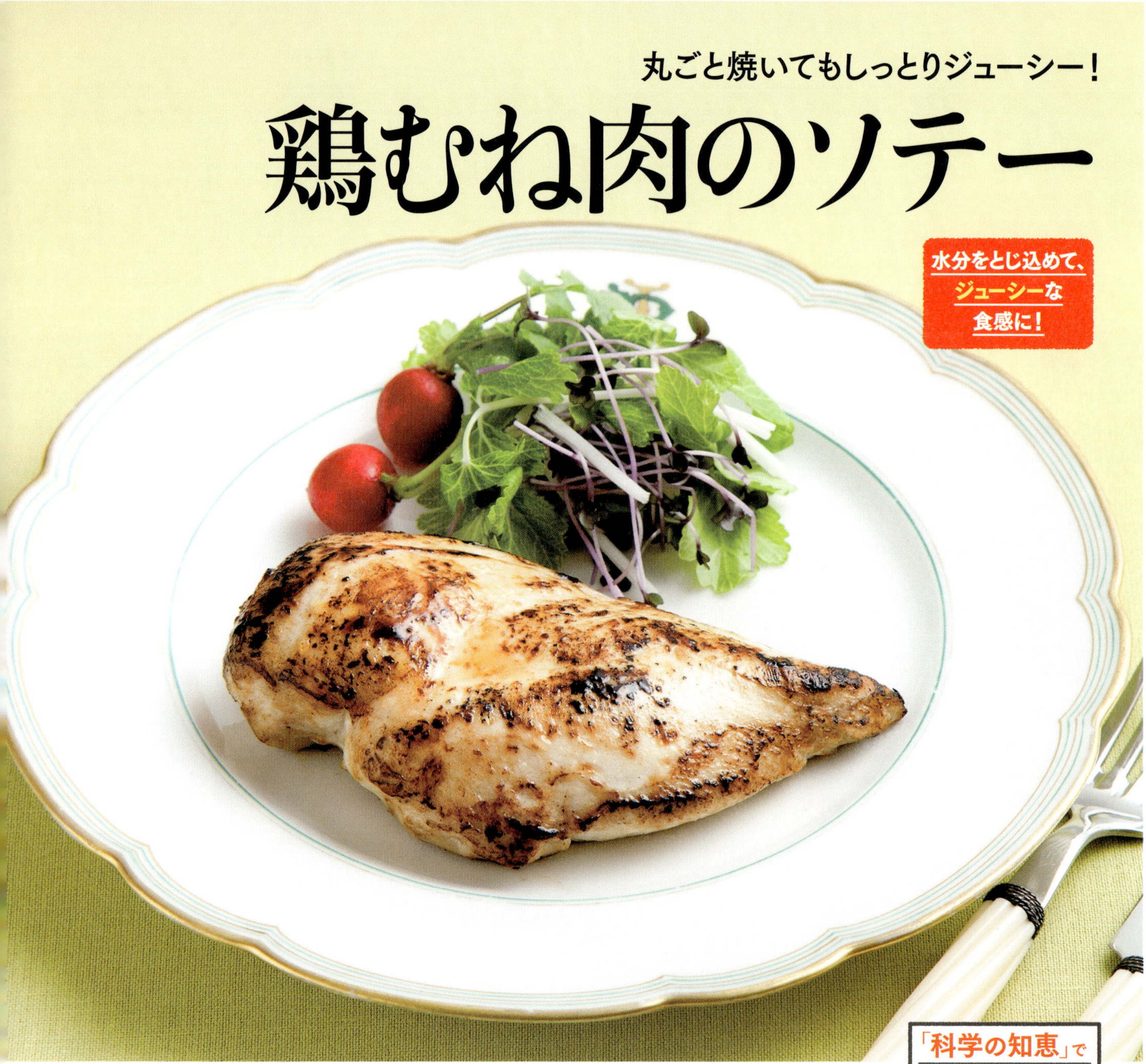

2012年6月13日放送「あの鶏むね肉が絶品に変わるウルトラワザ発見」より

「科学の知恵」で ガッテン流は**極うま**になる！

失われる水分をあらかじめ肉に吸い込ませる

低価格で低脂肪、疲れにくくなる物質やうまみを多く含む鶏むね肉。ところが加熱すると水分が流出しパサパサに。しかも、うまみ成分は水分に多く含まれるため、うまみまで失ってしまうことに……。

前ページでは卵白を使用した解決策をご紹介したので、ここではソテーにおすすめの別の方法をご紹介！

じつは、むね肉は水分が出やすい一方、水を吸い込みやすい性質が。番組はここに着目し、加熱中に流出する水分を、あらかじめ吸い込ませておく画期的なワザを発見。加熱前にむね肉全体に塩と砂糖を溶かした水をもみ込み、むね肉に水分をとじ込めるのです。このワザでジューシーに生まれ変わったむね肉は、さまざまな料理に使えます。塩、砂糖で下味がついているので味つけの際は調整を。

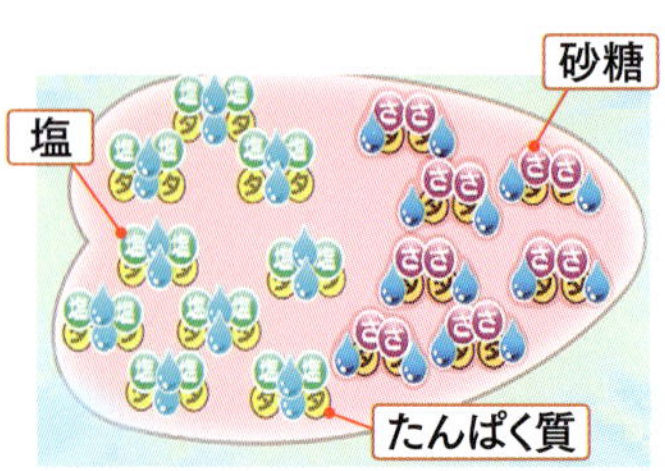

塩が肉のたんぱく質と結合すると、間に水分が入りやすくなる。砂糖を加えると分子構造が強くなり、入った水分がとどまるので、肉全体がジューシーに。

材料〔1人分〕

鶏むね肉……小1枚（200g）
砂糖……小さじ1弱（2g）
塩……小さじ⅓（2g）
水……大さじ1⅓（20mℓ）
サラダ油……適量
つけ合わせの野菜……適量

・1人分の栄養データ・
エネルギー：104kcal　脂質：3.0g　塩分：1.5g

作り方

1 下ごしらえをする

1

鶏むね肉の厚い部分は包丁でそぐようにして厚みを均等にする。
肉の厚さをそろえることで、火の通り方が均一になる。

2

肉全体をフォークでまんべんなく刺す。
水分が入りやすいようフォークで刺す。

3

ポリ袋に水を入れ、砂糖と塩を加えて溶かす。肉を入れたら袋の口を軽くしばり、テーブルの上に置いて、水をなじませるように1分ほどもむ。
しっかりもみ込んで、肉に水分を含ませる。

2 焼く

1 鶏むね肉は水けをふいて、お好みで軽く塩、こしょう（分量外）をする。

2 熱したフライパンに油を入れてなじませ、鶏むね肉を入れて両面を香ばしく焼く。肉が厚い場合は、ふたをして弱めの中火で焼き、中まで火を通す。

今までのやり方

鶏むね肉をそのまま焼く
肉汁が流出し、パサパサの食感に。

鶏肉

鶏むね肉の、ガッテンワザ
水分をとじ込める下ごしらえ

下ごしらえの砂糖・塩・水の分量は右の通り。焼く分量によって変えてください。

用意するもの

鶏むね肉（皮なし）……1枚
砂糖……肉の重さの1％
塩……肉の重さの1％
水……肉の重さの10％

※砂糖、塩、水の分量は必ず守ってください。

300gのむね肉の場合

砂糖	塩	水
小さじ1（3g）	小さじ½（3g）	大さじ2（30mℓ）

とんカツ

特製ころも&から揚げの法則で、サクサク、ふっくらジューシー！

材料〔2人分〕

豚ロース厚切り肉（厚さ1㎝）……2枚
小麦粉・生パン粉……各適量
バッター液
- 小麦粉……50g
- 卵……½個
- 牛乳……¼カップ

塩・こしょう……各適量
つけ合わせ（お好みで）……適量

・1人分の栄養データ・
エネルギー：545kcal　脂質：35.5g　塩分：0.9g

今までのやり方

卵液にくぐらせる
衣が薄くなり、肉に火が通りすぎてパサパサに。

作り方

1 下ごしらえをする

豚肉にフォークでまんべんなく穴をあけ、塩、こしょうをふる。

バッター液を作る。ボウルの中でバッター液の材料をよく泡立てる。

3 肉に小麦粉をはたき、バッター液にくぐらせたあと、パン粉をまぶす。
パン粉は、揚げたてを食べるなら、ふっくらとして食感のいい生パン粉が最適。乾燥パン粉なら、肉にまぶす前に霧吹きで水を4、5回に分けてまんべんなく湿らせ、5分おいてから使う。ただし、お弁当には冷めても食感の変わらない乾燥パン粉がおすすめ。

2 二度揚げる

たっぷりの油（分量外）を180℃に熱し、1分間揚げる。裏返さず、油につけるようにする。
たっぷりの油で揚げたほうが、油の温度変化が少なくてすみ、衣の水分をしっかりと抜くことができる。

引き上げて1分間蒸らす。

再び180℃の油で1分間揚げる。

引き上げて5分間放置する（余熱調理）。
この2度目の放置のときに、じっくりと時間をかけて蒸らすことで、中までしっかりと火が通る。衣が厚いので、熱が逃げにくく、余熱でベストな状態に火が通る。

2003年4月16日放送「プロの味を家庭で！ フライ料理の新鉄則」より

「科学の知恵」で
ガッテン流は極うまになる！

「バッター液」と「二度揚げ」でプロ並みに！

肉のジューシーさを保つには、から揚げと同じく、とんカツも二度揚げをするのがコツ。原理はから揚げと同じです（63ページ参照）。

さらに、衣にひと工夫。小麦粉→卵液→パン粉で衣を作るのではなく、小麦粉→「バッター液」→パン粉で作るのです。バッター液とは、卵に小麦粉と牛乳を混ぜたもの。バッター液は卵液よりも衣を厚くできるので、加熱により必要以上に肉に火が通ることを防ぐことができ、また熱を逃がしにくくなります。

バッター液を使って、「短時間揚げ＋余熱調理」をすれば、衣はサクッと、中はジューシーに仕上がります。

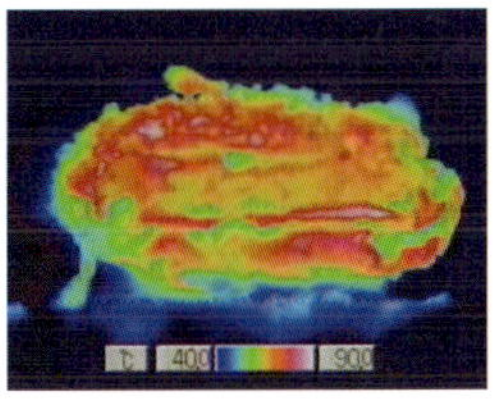
二度揚げ後、余熱で火が通り、中は80℃まで上がる。

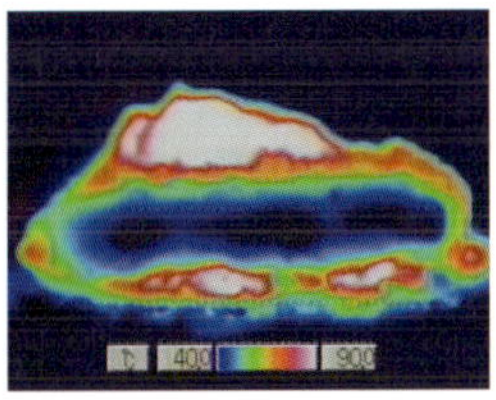
1分揚げた状態の中心温度は40℃とまだ生。

豚肉

白身と黄身、多様な食感で名店の味！

カツ丼

同じ
調理時間で
プロの味に！

今までのやり方

卵をよく溶く

白身と黄身が混ざってしまい、食感が均一になってしまう。

卵を入れたらすぐ火を止める

白身の表面が固まらず、ふんわりとした食感を楽しめない。

2007年1月24日放送「究極のカツ丼 プロ級調理術」より

「科学の知恵」で
ガッテン流は**極うま**になる！

極上カツ丼は素早い調理と卵の扱いに極意あり！

プロのカツ丼のコツは、揚げたカツをとにかく素早く卵でとじることと、卵の混ぜ方&加熱の仕方にありました。

カツは揚げてすぐ煮ないと、余熱で肉に火が入りすぎてかたくなってしまいます。また、卵はほとんどかき混ぜず、強火の短時間加熱。こうすると、白身の外側だけが固まり、中は生のままとなります。これは、卵の白身には40種類ものたんぱく質が含まれていて、それぞれ固まる温度が異なるため。混ぜないことでさまざまな食感を味わえるのです。

卵の性質を生かした調理が、ご飯とカツと卵の一体感を生みます。

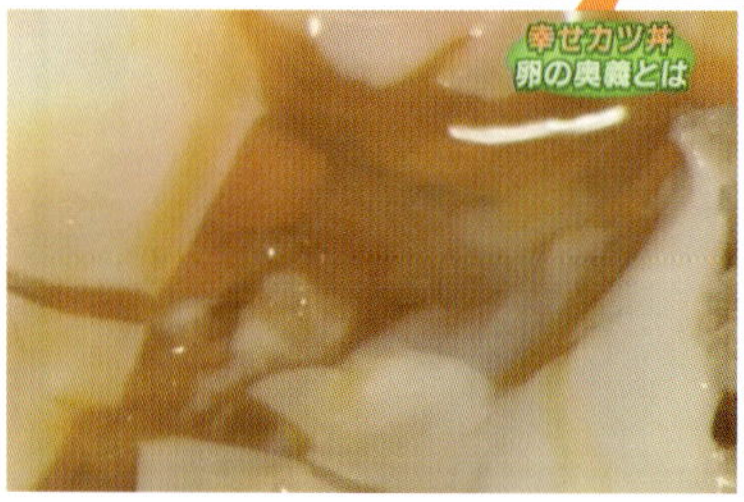

白身の膜だけが固まり、内側は生。固まり具合が混在することで多様な食感となる。

材料〔2人分〕

豚ロース肉
（1cm厚さ・100gのもの）……2枚
※卵との一体感を感じる肉の厚みは約1cm。
玉ねぎ（薄切り）……80g
卵……3個
小麦粉・乾燥パン粉……各適量
めんつゆ（市販品・ストレート）
……1カップ
揚げ油……1カップ

・1人分の栄養データ・
エネルギー：643kcal　脂質：43.4g　塩分：3.0g

作り方

1 下ごしらえをする

1
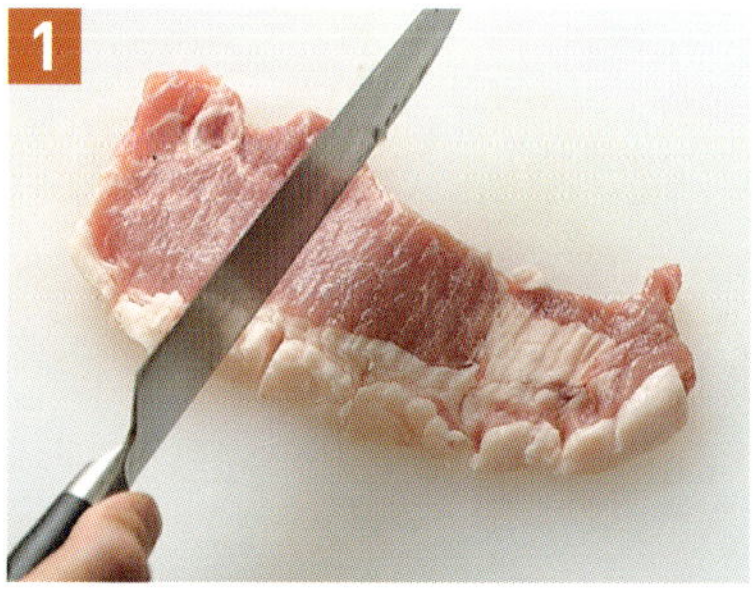

豚肉は包丁の背で全体をたたく。厚さが8mmくらいになるまでたたくようにする。赤身と脂肪のところに包丁を入れ、筋切りする。

2
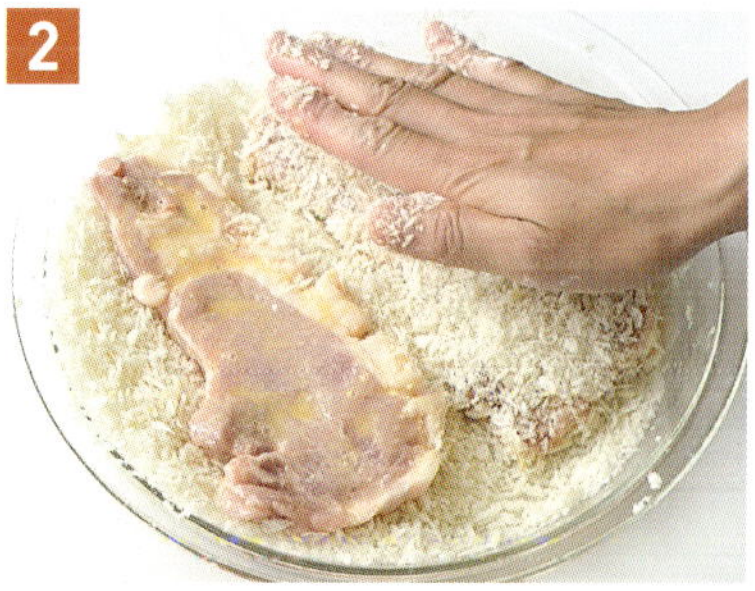

小麦粉をまんべんなくつけて、よく溶いた溶き卵1個分にくぐらせて、乾燥パン粉をしっかりとつける。

2 フライパンでカツを揚げる

1

揚げ油をフライパンに入れて、1分30秒間強火で加熱する。
火力の弱い標準バーナーを使うこと。

2

肉を強火で1分30秒間揚げる。

3

中火にしてひっくり返し、油をスプーンですくってかけながら、1分間揚げる。この間に、どんぶりにご飯（分量外）をよそっておく。
カツを揚げたあとの調理時間を短くするために段取りよく進める。

4

フライパンからカツをまな板の上にとり出す。すぐに次の作業に移る。

3 一気に仕上げる

1

フライパンに残った油をペーパータオルでふき取ったら、めんつゆと玉ねぎを入れて強火で加熱する。この間に、カツを1.5cm幅に切る。

2

フライパンにカツを入れる。

3

2のあとすぐに、卵2個をボウルに割り入れ、黄身を切るように混ぜる。
黄身を4等分する程度でOK。

4

3のあとすぐに、カツの上に、白身がのるように卵を入れ、ふたをして30秒間強火で煮る。

5 どんぶりによそう。

豚の角煮

酢を使って、超さっぱりの角煮を実現!

材料〔4人分〕

豚ばら肉（かたまり）……………600g

A

- しょうが（薄切り）……………1かけ
- 長ねぎ（ぶつ切り）……………10cm分
- 酒……………………………大さじ2
- 粒黒こしょう…………………5粒
- 水……………………………3カップ

B

- しょうゆ・酒…………各大さじ2
- 黒酢…………………大さじ1½
- 砂糖…………………大さじ½

・1人分の栄養データ・

エネルギー：542kcal　脂質：45.9g　塩分：1.5g

今までのやり方

じっくり煮て
味をしみこませる

トロトロに煮込んだ角煮は、ボリュームたっぷりで大人気のおかず。

作り方

1 豚肉をゆで、ざるにあげる

豚肉を一口大に切る。鍋たっぷりの水（分量外）を火にかけ、沸騰したら豚肉を入れ、2分ほど煮てざるにあげ、お湯で肉をきれいに洗う。

2 豚肉をゆでる

鍋に、豚肉と**A**を入れ、煮立ったらふたをして、弱火で1時間煮る。

3 フライパンに調味料を入れて煮立たせる

Bの調味料をフライパンに入れて、煮立たせてたれを作る。

4 豚肉を入れて、煮からめる

豚肉を入れ、転がしながらたれをからめる。肉に照りが出て、たれがほとんどなくなったらでき上がり。

酢の効果で
さっぱり＆
うまみもアップ！

2005年8月24日放送「新発想！ 酢のマジックパワー超活用術」より

「科学の知恵」で
ガッテン流は**極うま**になる！

酢のさっぱり＆うまみアップ効果を活用！

酢は、健康効果以外に、料理をおいしくしてくれる効果もあります。

まず、酢が加わることで、油っこい料理がさっぱりと感じられるようになります。これは、水と油が混ざったところに酢を加えると、油の粒が小さくなり、舌の上で感じる、油のべとつき感が少なくなるためです。

また酢を入れると、肉や魚、野菜に含まれるたんぱく質が、酸性に変化。すると、たんぱく質の中で眠っていた酸性プロテアーゼという酵素が活性化し、たんぱく質を、うまみ成分であるアミノ酸に変え、また、やわらかくもしてくれるのです。

酢のこの2つの働きを利用して、角煮のたれに酢を使えば、こってり角煮が超さっぱり！ うまみもアップします。

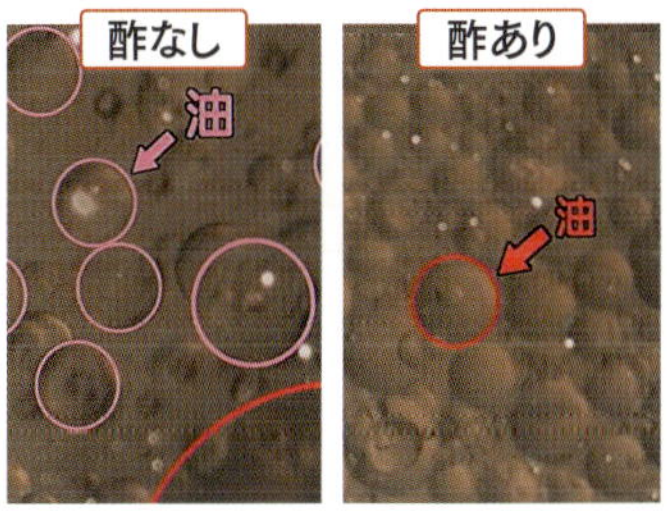

酢なし
油
酢あり
油

酢を入れる前の水と油は、大小の油の粒子があるためうまく混ざらないが、酢を加えると、油は小さな粒子だけになり、さっぱりと感じられる。

苦みをさわやかな味に変えて、血管若返り効果も

ゴーヤーチャンプルー

いつもより短時間加熱で、栄養抜群！

「科学の知恵」で ガッテン流は**極うま**になる！

2004年6月2日放送「活かす！ゴーヤー効果」より

強火＆短時間加熱で苦み成分を上手に活用！

ゴーヤーの苦みを減らそうと、塩もみや長時間加熱をすると、豊富に含まれているビタミンCまで大幅に減らすことになります。苦みのもとである「モモルデシン」という成分には、胃を保護し、食欲を増進させる効果や、疲れたときにシャキッとさせてくれる覚醒効果などがあるため、減らすのではなく、おいしく生かして食べるのがおすすめです。

　ゴーヤーは強火で短時間加熱すれば、さわやかな苦みとなっておいしくなるほか、血管若返り効果が増えることもわかりました。

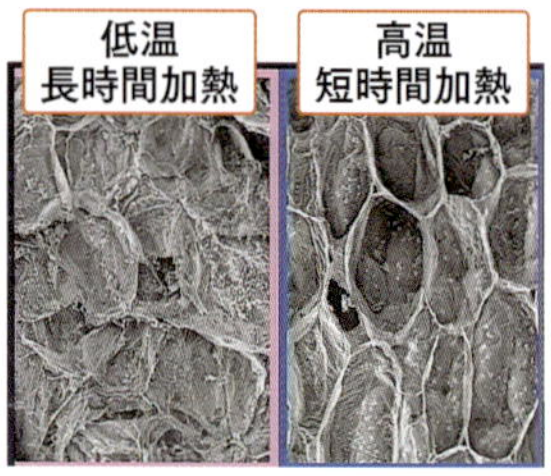

低温で長時間加熱すると細胞はつぶれてしまう。高温で短時間加熱した場合は、細胞がふっくらとし、水分、ビタミンC、アミノ酸などが残る。

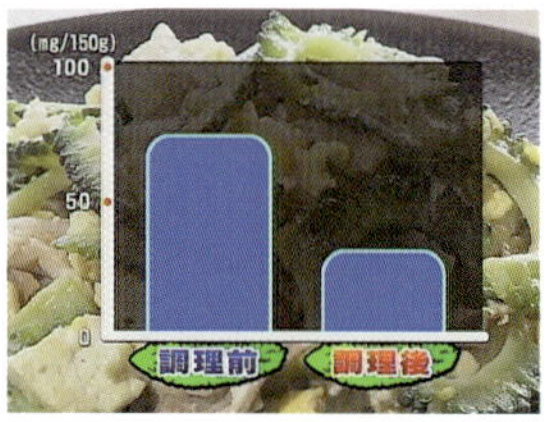

ゴーヤーに含まれているビタミンCは、塩もみで3割、加熱で3割減ってしまい、調理前に比べて半分以下に減った。

実験協力◎中部大学応用生物学部教授　大羽和子さん

材料〔4人分〕

- ゴーヤー……1本（300g）
- 木綿豆腐（水きりする）……1丁（300g）
- 溶き卵……2個分
- ごま油……大さじ2½
- 塩……小さじ½
- しょうゆ……大さじ1
- かつお節……5g

・1人分の栄養データ・
エネルギー：182kcal　脂質：13.5g　塩分：1.6g

作り方

1 ゴーヤーは極薄切りにする

ゴーヤーは縦半分に切り種をスプーンで取り除いて2㎜厚さの薄切りにする。

※できるだけ薄切りにして短時間加熱することで、苦みが抑えられます。

2 フライパンはしっかり予熱する

フライパンをしっかり予熱し、ごま油を入れてなじませる。

3 豆腐に焼き色をつける

手で食べやすくちぎった豆腐を加え、表面に焼き色をつける。

4 ゴーヤーをさっと炒める

ゴーヤーを加えて炒め、少ししんなりしたら、塩、しょうゆの順に入れる。炒める時間は1分間が目安。

5 溶き卵を加え、ひと炒めする

溶き卵を回し入れてさっと炒め、器に盛ってかつお節を散らす。

今までのやり方

じっくり炒める
ゴーヤー特有のしつこい苦さが出てしまう。

塩でもむ
ゴーヤーの豊富なビタミンCが流出してしまう。

＼ 豆知識 ／

ゴーヤーにかつお節は必須

ゴーヤー料理にかつお節は必すといっていいほど添えられています。かつお節に含まれるうまみ成分が、苦みとあわさると、料理全体のうまみとコクを増幅させる働きがあるのです。

うすパリの生地とキャベツの甘さで本場の味に!

広島風お好み焼き

材料〔2枚分〕

キャベツ(太めのせん切り)………200g
豚ばら薄切り肉………6枚
卵………2個
生地
- 薄力粉………100g
- 水………½カップ
- 牛乳………¼カップ

お好み焼き用ソース・青のり………各適量

・1枚分の栄養データ・
エネルギー:690kcal　脂質:39.3g　塩分:1.4g

作り方

1 キャベツは電子レンジで加熱する

キャベツをレンジで5分間加熱する。

レンジで加熱することで、余分な水分がとんで甘みが増す。また、かさが減るので、ひっくり返しやすくなる。冬に出回る寒玉キャベツは水分が少ないので、加熱時間は3分くらいでOK。

2

ボウルに生地の材料を混ぜる。

生地に牛乳を混ぜることで、牛乳に含まれるたんぱく質が作用して、生地が薄くのばしやすくなる。

3 押さえず蒸し焼きにする

ホットプレートを170℃に熱し、生地を薄くのばす。

今までのやり方

ヘラで何度も生地を押さえる

温度が上がらず、キャベツの甘みが出にくい。

ひと手間かけて専門店の味に!

2006年3月1日放送「別格の味!お好み焼き革命」より

「科学の知恵」でガッテン流は極うまになる!

“お好み蒸し”でキャベツの甘みを引き出す!

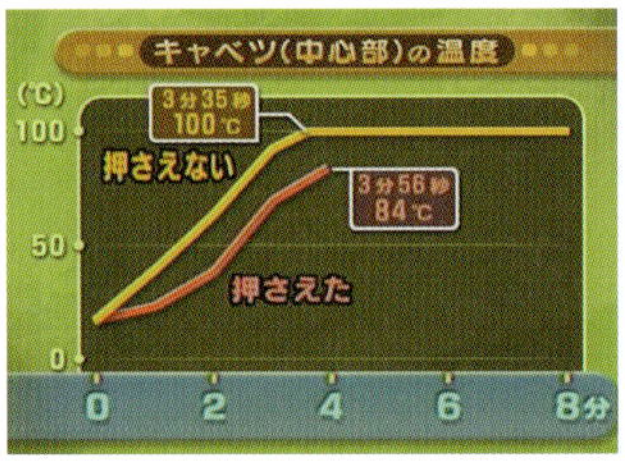

へらで押さえなければ内部は蒸し焼き状態となり、100℃の高温で安定する。

広島風の特徴は、薄いパリパリの生地とたっぷりのキャベツ。キャベツは蒸すと、細胞壁がゆるやかに壊れるため、口に入れたときに甘みのもとであるアミノ酸や糖が出やすいことがわかりました。

キャベツのおいしさを最大限に引き出せるように上手に蒸すには、へらで押さえないこと。内部温度が早く上がり、理想的な蒸し焼きにできます。

関西風お好み焼き

ふんわり生地のコツは、混ぜ方にあり！

材料〔2枚分〕

キャベツ（粗みじん切り）……… 200g
豚ばら薄切り肉 ……………………… 6枚
卵……………………………………… 2個
生地
- 薄力粉…………………………… 100g
- 牛乳…………………………大さじ3⅔
- 水 ……………………………大さじ4
- 山いも（すりおろす）…………… 20g

お好み焼き用ソース・万能ねぎ
……………………………………各適量

・1枚分の栄養データ・
エネルギー：697kcal　脂質：39.4g　塩分：1.4g

作り方

ボウルに生地の材料を入れ、ボウルの底から縦に上下させて、切るように混ぜたあと、キャベツ、卵を加え、さらに混ぜる。
生地に空気を含ませるように混ぜることで、ふんわりとなる。

2　フライパンを強火で1分間加熱する。

生地の半量を流し込み、豚肉3枚をのせ、ふたをして中火で3分間焼き、生地を裏返し、ふたをして、弱めの中火で9分間焼く。もう1枚も同様に。
高温に保つことがふっくらサクサクの生地に仕上げるコツ。

4　ソースを塗り、小口切りにした万能ねぎをふってでき上がり。

キャベツ、豚肉をのせて、生地を少し回しかける。

すぐにひっくり返して、220℃に温度を上げ、8分間蒸し焼きにする。
キャベツから出る水蒸気を利用して蒸し上げる。ここで高温にすることで、キャベツの甘みが増す。

8分たったら、軽く上から押さえる。横に卵を割り入れ、軽くくずしたら、その上に生地をのせて、卵が固まったらひっくり返す。

5　ソースを塗り、青のりをふってでき上がり。

焼きそば

まず麺を焼きつけるのが、コシのコツ!

同じ調理時間で絶品の味に!

材料〔1人分〕

★加熱温度の低下を防ぐため、
　できるだけ1人分ずつ調理してください。

焼きそば用蒸し麺……………………1袋
豚こま切れ肉…………………………40g
キャベツ（ざく切り）…………………60g
熱湯……………………………$\frac{1}{5}$カップ
ウスターソース…………大さじ1$\frac{1}{2}$
サラダ油…………………………小さじ1
紅しょうが……………………………適量

・1人分の栄養データ・
エネルギー：485kcal　脂質：14.4g　塩分：3.3g

作り方

麺から焼いて最後に熱湯で蒸し焼きにする

フライパンに火をつけないで油をひき、麺を入れてから中火にかける。玉のままほぐさずに、中火で2分間加熱する。

必ず火をつける前に油をひき、麺を入れること。火をつけてからの作業になると、温度が上昇しすぎてこの後の手順がうまくいかなくなる。麺の表面だけをよく焼いて外側の水分をとばすことで、コシのある麺を作る。

麺をひっくり返し、空いているところで豚肉を焼く。

麺の裏側に焼き目が入ったら、麺のまわりにキャベツをのせる（この間1分）。

熱湯を麺にかけるように入れてすぐふたをして、強火で1分半加熱する。

水ではなく熱湯を麺にかけると、表面の油が落ちて、ソースの味しみが良くなる。焼きつけてから蒸し焼きにするので、玉の中にしっかり麺ともっちり麺の両方がある状態に。

パチパチと音がしてきたらふたを開け、ソースを加えて、混ぜるように軽く炒める（この間30秒）。器に盛り、紅しょうがを添える。

! お湯の跳ね返りや蒸気にご注意ください。

今までのやり方

肉と野菜を先にしっかり炒める

しみ出た水分により、フライパンの熱が下がり麺のコシがなくなる。

麺を入れて水でほぐす

底に水がたまり、麺にコシがなくなりやすく、はりつきの原因にも。

2008年5月14日放送「焼きそば激変！ こんな技があったとはスペシャル」より

「科学の知恵」で
ガッテン流は極うまになる！

コシのもとである「水分傾斜」を、逆転の発想で作り出す！

プロ用の麺がおいしいのは、麺が太いため「水分傾斜」（表面だけ水分が多く、中は少ない状態）があるから。そのおかげで、外側がやわらかくて中に歯ごたえのある「コシ」が生まれるのです。ただし、家庭の火力を考慮して作られている市販の麺は、細いために水分傾斜によるコシを作ることはできません。

そこで、あえてほぐさずにかたまりのまま焼きつけることで、「逆水分傾斜」（外側の水分が少なく中が多い）を作ってみました。これでプロ並みのコシのある焼きそばが楽しめます。

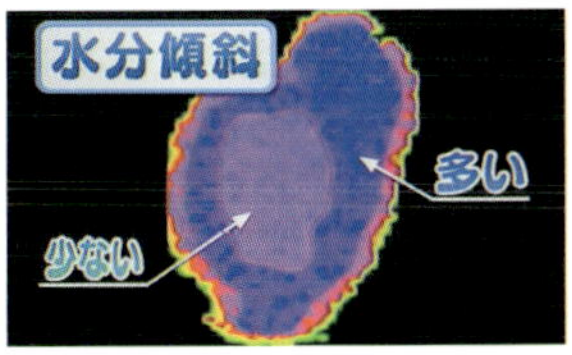

プロ用の麺は、外側は水分が多くてもっちりで、中は水分が少ないため、しっかりしたコシができやすい。

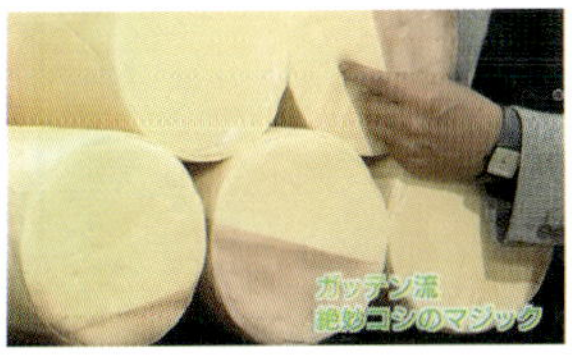

麺が細い市販麺は玉のまま焼くことで、麺に焼けているところと焼けてないところができて、食べたときにコシを感じることができる。

空気を入れれば、いきなりプロ級!

たこ焼き

同じ調理時間でプロの味に!

2007年4月18日放送「ごっつウマ! たこ焼き大革命」より

「科学の知恵」でガッテン流は極うまになる!

素人と達人の差は空洞にあり!

達人が作るたこ焼きの最大の特徴は、中に空洞があること。空洞があることで中は蒸された状態となり、アツアツ。水分もキープされているので、外の生地はサクッと焼かれ、中のたこがジュワッと蒸されたおいしいたこ焼きになるのです。一方、空洞のない素人のたこ焼きは、中の温度が低く水分も逃げてしまうため、カチカチに。

この違いは、焼き方にありました。何度もひっくり返す素人とは違い、プロは空洞を作ることを意識して、半回転ずつ2段階に分けて返していたことがわかりました。

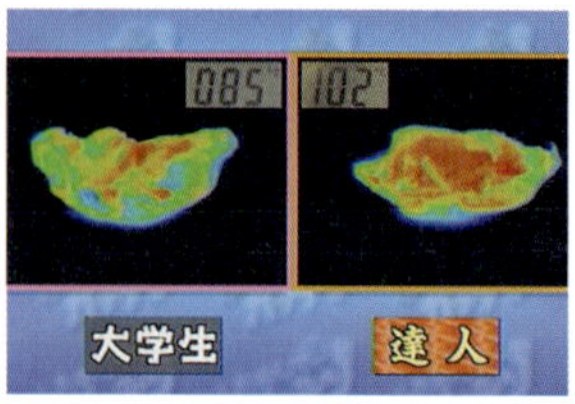

たこ焼きの内部温度はプロ102℃、素人85℃と、17℃もの差があった。

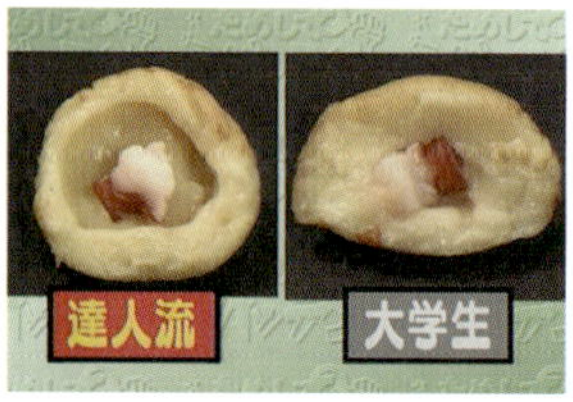

達人が作ったたこ焼きには空洞が。

材料〔4人分〕

- たこ(1個5gに切る)……300g
- 薄力粉……300g
- A
  - 卵……3個
  - 塩……3g
  - しょうゆ……小さじ2
  - 昆布だし(顆粒)……小さじ½
  - かつおだし(顆粒)……小さじ½
- 氷水……5カップ
- サラダ油……適量

・1人分の栄養データ・
エネルギー:442kcal 脂質:8.7g 塩分:2.2g

作り方

1 氷水を加えて生地を作る

ボウルにAを入れて混ぜ、氷水を加えて混ぜる(氷は使わない)。
サクサク感を邪魔するグルテンができにくい環境にするために氷水を使う。

ダマにならない軽い生地に仕上げるため、薄力粉を何度かに分けて入れて、切るようにさっくりと混ぜる。

2 半回転ずつ焼く

たこ焼き用の鉄板を強火にしてしっかりと温めてから油をひき、生地を流し込んだら、すぐにたこを入れる。

薄皮ができたくらいで中火にし、たこ焼きを立たせるように半分だけひっくり返し、少しおいてから、もう半分返す。
こうして2段階に分けて返すことで、中に空気が入って空洞ができる。

穴があいてしまったら、いったん取り出して、鉄板に生地を少しつぎ足し、そこに再び入れて穴をふさぐ。完全にひっくり返したら、強火に戻す。

たこ焼きがパンパンにふくらんできて、軽くなったら焼き上がり。
よりサクッとさせたいときは、油少々を塗る。

今までのやり方

生地を泡立て器でよく混ぜる
グルテンがたくさん出て、サクサク感を邪魔する。

一気にひっくり返してまるめ込む
空洞がなくなり、中の温度が上がらずシュワッとしない。

おすすめの

オリジナルソース

二杯酢

材料と作り方(4人分)

だし(昆布とかつお節)¾カップとしょうゆ大さじ1、酢小さじ2を混ぜる。
好みで七味唐辛子を加えても。

おすまし

材料と作り方(4人分)

だし(昆布・かつお)4カップに塩小さじ½、しょうゆ小さじ1を入れて混ぜ、たこ焼きを浮かべて食べる。
好みで木の芽やゆずを入れると香り高くおすすめ。

★たこ焼き器の種類によって火の通り方は異なります。加熱時間は説明書をご参考ください。

プリプリの白身とクリーミーな黄身を堪能！

目玉焼き

材料〔1人分〕

卵（少し古い卵）……………………………1個
つけあわせ（お好みで）………………適量

・1人分の栄養データ・
エネルギー：89kcal　脂質：5.5g　塩分：0.2g

作り方

1 卵の黄身と白身を分ける。
分けることで、白身のプリッとした食感をより楽しめる。

2 フライパンを強火で1分間加熱。調理用の型（セルクル）をおき、中央に黄身をそっと入れる。

ここがガッテン流！

黄身をやさしく扱うほど、クリーミーな食感に。また、黄身から焼くと、コクと香りがアップ。

3 お好みの焼き加減になったら黄身のまわりに白身を流し入れ、小さじ1の水（分量外）を型のまわりに入れる。ふたをして弱火で3分間加熱。
※火加減は目安です。お好みで調整を。

型を使うことで、白身が流れていかず、高さが出て、さらに白身のプリプリの食感を楽しめる。

4 火を消して、3分間おいたら完成。

今までのやり方
新鮮な卵を使う
二酸化炭素が多いため、ぼそぼその食感になりやすい。
いつもより「ちょい古」卵で極上の味に！

2016年5月18日放送「卵料理の新世界！ふわふわプリプリ自由自在」より

「科学の知恵」で
ガッテン流は**極うま**になる！

卵を割る高さが決め手！

目玉焼きやゆで卵など、卵を加熱して使う場合は、新鮮な卵よりも、じつは冷蔵庫で少し寝かせた「ちょい古」の卵のほうがおすすめです。

というのも、新鮮な卵白にはたくさんの二酸化炭素が含まれており、加熱すると「す」が入ったようなぼそぼその食感になりやすくなります。

日が経つほど卵の二酸化炭素は抜けていくので「ちょい古」の卵を使うと、白身の最高のプリプリ感が楽しめるのです。

また、目玉焼きを作る際は、卵をできるだけ低い位置で落としてやさしく扱うと、黄身の卵黄球がつぶれず、とてもクリーミーな食感になります。

※古い卵についての説明は、143ページもご覧ください。

蒸気の力で短時間にできて、節約！

ゆで卵

いつもより、時間・水・火力を節約！

2011年7月27日放送「暑さも光熱費も激減！ 時短ミラクル料理革命」より

材料〔作りやすい分量〕

卵（少し古い卵・M玉・常温に戻す）…6個

※番組では、賞味期限から2週間後までをおすすめしています。

水……………………………………大さじ3

・1個分の栄養データ・

エネルギー：80kcal　脂質：5.5g　塩分：0.2g

作り方

1 卵のお尻の部分にひびを入れる

ここがガッテン流！

卵は、殻がむきやすくなるよう、卵のとがっていないほうの**お尻の部分に小さなひびを入れる。**

2 フライパンに卵を並べて水を入れ、ふたをして加熱

ここがガッテン流！

卵がくっつかないように入れる。水を入れ、ふたをして加熱。強火で2分間、弱火で3分間、火を止めて9分間余熱を入れればでき上がり。

※M玉6個まで、上記のレシピで作れます。
※L玉や冷蔵庫から出したばかりの卵は、水を大さじ5、最初の強火を3分間にしてください。
※水がなくならないようご注意を。卵が破裂する危険があります。

「科学の知恵」でガッテン流は**極うま**になる！

蒸気パワーでエコ・クッキング！

ふたをしたフライパン内で少量の水が加熱されると、大きな熱を蓄えた「凝縮熱」になります。この熱が卵に触れると蓄えた熱を放出して食材を熱し、水に戻ります。これが、加熱中に何度もくり返されるので、卵は効率よく短時間で火が通るのです。

水、光熱費、そして調理時間も節約できる、いいことずくめの調理法です！

今までのやり方

鍋にたっぷりの水を入れてゆでる

お弁当や朝食に大重宝。

皮パリッ＆身フワッは、グリルの「端」で！

あじの塩焼き

いつもより早く焼けて、絶品の味に！

今までのやり方

グリルの中央で焼く
身の水分がとびやすく、また火加減が難しく、生焼けの原因にも。

2002年7月10日放送「『？』にお答えします⑨」より

材料〔2人分〕

あじ（体長25㎝、200g）……… 2尾
塩…………………………………適量
大根おろし………………………適量

・1人分の栄養データ・
エネルギー：118kcal　脂質：4.1g　塩分：1.5g

作り方　☆片面焼きグリルの場合

1 あじの表面に塩をふって、全体にまんべんなくすり込むようにする。

塩をふってから時間をおくと、中の水分が出ていってしまうので、必ず焼く直前に。

2 魚焼きグリルを5分間加熱する（予熱）。受け皿に水を入れるタイプのグリルは、水をはっておくこと。

しっかりと予熱することで、高温状態のままあじを投入でき、表面を素早く固めることができる。予熱のおかげであじを焼く時間もトータルで短くなるので、結果的に経済的。

3 グリルの端に置き、表7分間、裏5分間で焼く。

両面グリルも予熱と端置きは同じですが、加熱時間は説明書などをご参照ください。

「科学の知恵」で
ガッテン流は極うまになる！

炭火焼き並みのジューシーさはグリル使いにあり！

炭火と魚焼きグリルで焼いたあじの水分残留率を比べると、炭火焼きの場合は90％なのに対して、グリルの場合は70％しか残っていませんでした。そこで、グリル庫内の温度を調べてみると、端と奥が高温なのに対し、真ん中は低くなっています。あじを焼くと、真ん中で焼いたあじの水分残留率は70％、端置きだと80％でした。さらに、あらかじめグリルを温めておくと、水分残留率は90％に！

つまり、グリルの場合は、「予熱」をして「強火」で「端」に置くことで、炭火のような「強火で遠火」を再現できるのです。

第3章

素材のうまみを引き出して、
ラク～に極うま！

洋食屋さんのごちそうおかず

2分間に100回こねて、肉汁ジュワ〜ッ！

ハンバーグ

同じ加熱時間でプロの味に！

今までのやり方

材料を全部混ぜてこねる
肉汁が流れやすいたねに……。

何度も返し、押しつける
肉汁が流出、中の熱も逃げてしまう。

2000年1月26日放送「ハンバーグの鉄則」より

「科学の知恵」でガッテン流は**極うま**になる！

ひき肉はよくこねるほどジューシーになる！

ひき肉をこねる時間によって肉汁の流出量が違うか、比べてみました。3分間、7分間、14分間こねた肉を焼いて比べてみると、よくこねたものほど、肉汁が流れずに残り、重いことがわかりました。

効率よくこねるには、調味料やつなぎを入れずに、まずはひき肉と塩だけでこねるのがコツ。加熱前に肉に塩を加えて十分こねると、肉のたんぱく質のミオシンという成分が溶けて、肉の繊維がばらばらになります。これに熱を加えると網目構造ができて、そこに肉汁を閉じ込めることができるのです。しかしこねが不十分だと網目構造が不完全なため、せっかくの肉汁を逃がしてしまいます。2分間100回を目安にしてください。

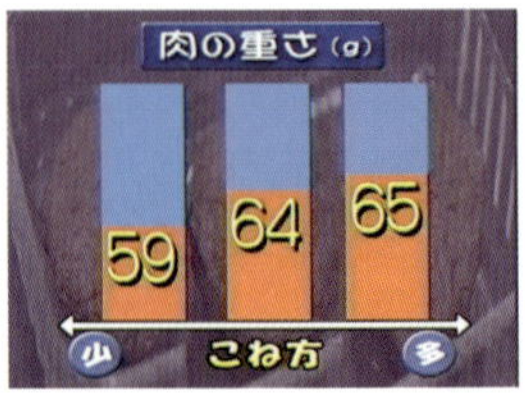

こねが少ない肉と多い肉を加熱し、重さをはかると、こねるほど肉汁が逃げにくく、肉に残り、重い。

肉をこねることによって網目構造がしっかりとでき、そこに肉汁が閉じ込められる。

材料〔4人分〕

合いびき肉（牛7：豚3）…………400g
　塩（肉の1%）……………………4g
玉ねぎ（みじん切り）
　……………………大½個（150g）
卵……………………………………1個
パン粉（牛乳大さじ3にひたしておく）
　…………………⅔カップ（24g）
ブランデー……………………大さじ1
こしょう・ナツメグ（お好みで）
　……………………………………各少々
サラダ油………………………大さじ1
ソース（トマトピューレ・中濃ソース）
　……………………………各大さじ2
つけ合わせ（お好みで）……………適量

・1人分の栄養データ・
エネルギー：376kcal　脂質：23.7g　塩分：1.8g

作り方

1 肉だけをよ～くこねてたねを作る

1

フライパンに油適量（分量外）を熱し、玉ねぎが軽く色がついてしんなりとし、半量になるまで炒める。

2

ボウルにひき肉と塩を入れて、しっかりとこねる。目安は2分間で100回。
肉汁のうまみを逃がさないコツ。

3

卵、玉ねぎ、こしょうを入れて、さらに混ぜる。軽くしぼったパン粉を加え、全体になじませるように混ぜたあと、ブランデーと、お好みでナツメグを加えて軽く混ぜる。
パン粉は加える直前に牛乳に浸し、軽くしぼることで、つなぎとしてだけでなく、肉汁を吸い込みうまみを閉じ込める役割もする。

2 厚さ1.5cmに成形する

1

手に油（分量外）を塗り、たねを4等分する。

2
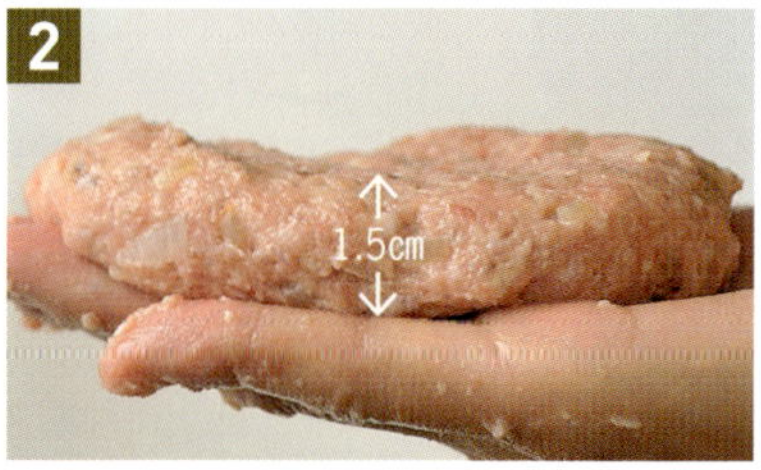

1個分を手に持ち、両手で軽くたたいて中の空気を抜き、厚さを1.5cmにする。

3
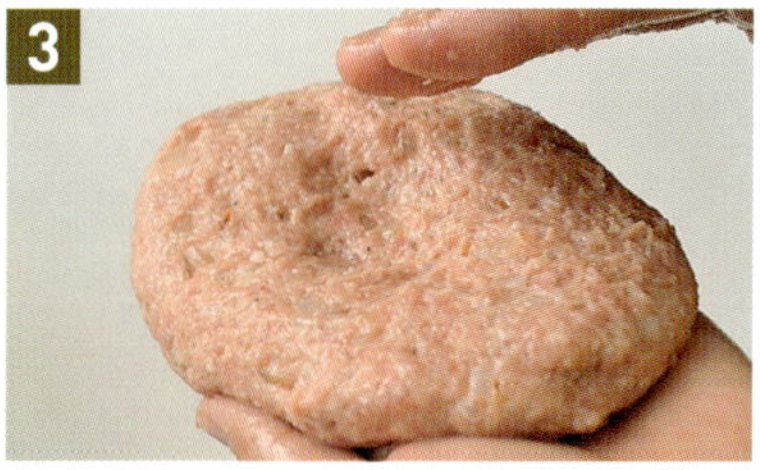

中央をくぼませる。中央部の厚みを薄くすることで、中まで火が通りやすくなる。

3 あまり動かさずに焼く

1

フライパンは十分熱してから、油をひき、よくなじませる。

2

成形した肉を入れ、強火で両面に焼き目をつけた後、弱火にする。
焼き目をつけることで、肉汁が流れ出るのを防ぐ。焼いている間は、できるだけ動かさないことが、肉汁を流出させないコツ。

3

くぼみを押してみて、白または透明な肉汁が出てきたら焼き上がりのサイン。肉汁がまだ赤かったら、まだ生焼けの状態。

！ やけどに注意を。

4 つけ合わせとともに器に盛り、あたためたソースをかける。

シェフもうなったプロ並みのおいしさ

プレミアムハンバーグ

その① たねの作り方

For special day 特別な日に! premium

たねの材料〔2人分〕

合いびき肉（牛：豚＝7:3）……200g
麩……5g
牛乳……⅕カップ
寒天（煮溶かして固めたもの）
……大さじ1½（20g）
牛脂（細かく刻む）……5g
玉ねぎ……½個（110g）
バター……10g
A
- 塩……2g
- こしょう（ひきたてのものがよい）……0.5〜1g
- ナツメグ……0.2g
- 溶き卵……½個分（30g）

※寒天は商品に記載されている作り方で固めたものを用意してください。

・1人分の栄養データ・
エネルギー：617kcal　脂質：45.1g　塩分：1.4g

作り方

1 下ごしらえをする

・麩はフードプロセッサーで粉末状になるまで砕く。小皿に移して牛乳を回し入れ、十分に湿らせる。
・寒天もフードプロセッサーで細かく砕く。
・玉ねぎは2㎜角のみじん切りにする。

2 玉ねぎを炒める

フライパンにバターを溶かして、玉ねぎを入れ、弱めの中火であめ色になるまで10分間ほど炒める。
途中で焦げそうになったら水を足してください。

3 ひき肉に牛脂とAを加えて混ぜる

ボウルにひき肉、A、牛脂を入れ、手で2分間よく練り混ぜる。
卵白を泡立てるイメージで、空気を入れながら混ぜるのがコツ。
塩を加えてよく練り混ぜることで、肉から溶け出した「ミオシン」というたんぱく質が網目構造に固まって、肉汁の流出を防ぐことができる。

4 麩、寒天、玉ねぎを加える

下ごしらえした麩、寒天と玉ねぎを加えて、さらに1分間練り混ぜる。

5 1.5㎝の厚さに成形する

手にサラダ油少々（分量外）をつけ、たねを2等分して丸くし、バットにのせる。手のひらで押しつぶして1.5㎝の厚みにする。

特売のひき肉で極上の味に!

今までのやり方

つなぎにパン粉を入れる

入れすぎるとパンの香りが立ち、肉の味が抑えられてしまう。

2009年4月22日放送「シェフが本気で脱帽! ハンバーグ極上化作戦」より

「科学の知恵」でガッテン流は**極うま**になる!

3つのつなぎで極上のたねに!

高級な肉でなくても、おいしいハンバーグができる魔法のつなぎを求めて、ガッテンがたどりついた食材は、保水力が高く、味の邪魔をしない「麩」、肉汁が増し、香りもアップする「牛脂」、肉汁を閉じ込める「寒天」の3つでした。

よく使われるパン粉には、パン独特の香りがあるため、多めに入れると肉本来の味を損なうことがわかったのです。パン粉の代わりに、この3つの食材を使えば、極上のハンバーグに!

\ “プレミアム”になる3つのつなぎ /

麩 麩にはパン粉の1.5倍もの保水力があり、加熱時に流れ出てしまう肉汁を閉じ込めてくれます。また、味の邪魔をせず肉の風味が損なわれません。

牛脂 牛脂を細かく刻んでたねに混ぜると、肉汁が増すうえ、加熱したときに香りが出て、高級感がアップします。とくに和牛の牛脂が効果大。

寒天 ハンバーグのジューシーさは、肉の脂分と水分に左右されます。寒天は溶ける温度の目安が約90℃と高いので、肉汁やうまみが流出しにくくなります。

肉汁を中に閉じ込める「蒸し焼き」ワザ!

プレミアムハンバーグ

その② 焼き方のコツ

For special day
特別な日に!
premium

◇焼くときの材料〔2人分〕

にんじん（6㎜厚さに切る）…………⅙本
じゃがいも（6㎜厚さに切る）………1個
サラダ油…………………………小さじ1

・1人分の栄養データ・
エネルギー：75kcal　脂質：2.1g　塩分：0.0g

和風ソース

水大さじ3、ケチャップ小さじ2、ウスターソース小さじ1、しょうゆ小さじ½、バター10g

・1人分の栄養データ・
エネルギー：48kcal　脂質：4.1g　塩分：0.7g

洋風ソース

中濃ソース・ケチャップ各大さじ1、ブランデー小さじ1、からし小さじ½

・1人分の栄養データ・
エネルギー：26kcal　脂質：0.2g　塩分：0.9g

◇作り方

1 フライパンを1分予熱する

強火で50秒予熱したところで、油を入れてなじませる。

※しっかり予熱することが重要なので、鉄のフライパンを使ってください。

2 1分30秒焼く

たねを入れ、均等に焼けるようヘラで軽く押さえ、強火で1分30秒間焼く。

3 ひっくり返し、1分30秒焼く

焼き色がついたらひっくり返し、強火のまま1分30秒間焼く。

4 ハンバーグをいったん取り出す

フライパンからハンバーグを取り出し、余分な油や汚れをペーパータオルできれいにふき取る。

⚠ やけどに注意してください。

5 野菜を並べる

フライパンにじゃがいも、にんじんを並べ、上にハンバーグをのせる。

6 お湯を入れる

80℃以上のお湯（分量外）を野菜の高さまで入れる。このとき、ハンバーグがお湯につからないようにする。

7 ふたをして、8分蒸し焼きに

ふたをして、弱めの中火で8分間蒸し焼きにする。焼き上がったら、ひっくり返して盛りつける。

※蒸し焼き中に、水分がなくなったら、火を弱めてお湯を足してください。
※火力は標準バーナーの場合です。
※フライパンの大きさやコンロの火力によって、調理時間は変わることがあります。

材料〔4人分〕

じゃがいも……4個（500g）
玉ねぎ（みじん切り）……50g
ひき肉……50g
A
- 水……½カップ
- 小麦粉……100g
- 卵……2個

酢……小さじ2
塩……少々
パン粉・サラダ油・揚げ油……各適量
つけ合わせ……お好みで

・1人分の栄養データ・
エネルギー：398kcal　脂質：18.4g　塩分：0.5g

作り方

1 じゃがいもを魚焼きグリルで焼く

じゃがいもは4等分にし、1個ずつ水でぬらしたペーパータオルで包んだあと、アルミ箔《はく》で包む。

片面の魚焼きグリルにじゃがいもを入れ、強火で40分間焼く（両面焼きグリルの場合は、じゃがいもは半分に切って強火で25分間が目安）。

グリルで皮つきで調理すると、水分が減り、より甘みやじゃがいもらしさを感じられる。

2 たねを作り、特製の液につける

1 じゃがいもの皮をむいてボウルに入れ、熱いうちにつぶす。

2

フライパンに油を熱し、玉ねぎとひき肉を炒め、塩をふってさらに炒める。玉ねぎとひき肉の分量は、じゃがいもの各1割ずつが目安。

3

1に**2**を加えて混ぜ、冷ましたら俵形に成形する。

4

合わせた**A**に酢を加えた液体を作り、**3**をくぐらせ、パン粉をつける。

この液が膜がわりとなり、水分が衣へ移動するのを防ぐ。パンク防止の役割にもなる。

3 200℃で1分50秒揚げる

たっぷりの油を200℃に熱する。衣を入れたときに沈まないで表面でパーッと散るのが目安。

1分50秒間揚げて取り出す。衣は、きつね色よりは薄い色合いが目安。

今までのやり方

じゃがいもは皮をむいてゆでる
でんぷんがお湯に流出し、味や香りが失われてしまう。

小麦粉、卵、パン粉の順に衣をつける
サクサク感がいまひとつ……。

きつね色になるまでじっくり揚げる
ベタベタ感が出て、冷めるとおいしさダウン。

チキンソテー

ジューシーラインを見極めて、「皮パリッ」「肉汁ジュワッ」

お手頃価格の肉がプロ級の味に！

材料〔2人分〕

鶏もも肉	1枚
塩・こしょう	各少々
にんにく	½かけ
ローズマリー	2枚
オリーブ油	適量
つけ合わせ	お好みで

・1人分の栄養データ・

エネルギー：271kcal　脂質：20.9g　塩分：0.8g

作り方

1 鶏肉の筋を切る

鶏肉は肉の厚みが均等になるように、筋を切り、塩、こしょうをふる。

2 火をつけずに鶏肉を入れる

ここがガッテン流！

フライパンにオリーブ油を入れ、鶏肉の皮目を下にして入れる。にんにくとローズマリーも加える。

3 ふたをせず弱火で焼く

ここがガッテン流！

炎の先がフライパンの底に当たらないぐらいの弱火で焼く。約1分後に鶏肉から出てくる細かい泡が静かに出続けるよう弱火を保つ。泡が大きく音を立てる場合は、火を弱める。

4 ジューシーラインが身の半分まできたらひっくり返す

生でピンクの部分と、鶏肉に火が通った白い部分との境目のラインが、身の半分くらいまで上がってきたら、皮目の焼き色をチェックして、ひっくり返す。

※ジューシーラインを見る際には、フライパンをのぞき込まないこと。しっかり確認したい場合は、肉を持ち上げて側面を見てください。

皮全体が香ばしい色になっていたらひっくり返してOK！

5 上下のジューシーラインがつながるまで焼く

同様に弱火をキープしながら、鶏肉が白くなっていくのを待つ。上下のラインがつながったら火を止め、お好みのつけ合わせとともに器に盛る。

今までのやり方

フライパンを熱してから鶏肉を入れる

肉の側面に火が通り、横からジューシーラインが見えなくなる。

火を通すために、ふたをする

肉の表面が白くなり、内部の焼け具合がわからなくなる。

2007年11月21日放送「新技発見！ フライパン驚きの調理術」より

「科学の知恵」でガッテン流は**極うま**になる！

鶏肉がピンクから白になる瞬間を見極める

鶏肉は内部温度が65～75℃くらいになると、火が通ってもっともジューシーな状態になり、さらに加熱するとかたくなる一方。一般的なフライパンでの焼き方だと、予熱による「放射熱」、炎から肉に伝わる「伝導熱」、ふたをすると出る「対流熱」の3種類の熱が発生します。放射熱や対流熱があると、肉の表面がすぐに白くなるため、内部の肉の変化がわかりません。

けれども、伝導熱だけを使ってずっと弱火で焼くと、鶏肉がピンクから白に変わる様子がはっきりとわかり、ジューシーになった瞬間を教えてくれるのです。皮パリッ、肉汁ジュワッの究極のソテーが楽しめます。

←ふたをした場合

密閉されると対流熱が出て、空気が温まるため、肉内部の温度と関係なく、肉表面の色があっという間に白くなる。

ふたをしない場合→

炎からの伝導熱のみで加熱されるので、内部の温度変化が、白とピンクの境目であるジューシーラインとなって外からチェックできる。

3分加熱と余熱で超ジューシー！
ポークソテー

◆材料〔2人分〕

豚ロースソテー肉（厚さ1〜1.5㎝）
……………………2枚（1枚120g）
塩・こしょう……………………各少々
つけ合わせ……………………お好みで

・1人分の栄養データ・
エネルギー：323kcal　脂質：23.1g　塩分：0.8g

◆作り方

1 肉に切り目を入れフォークを刺す

脂身と赤身の境目の筋に数か所、深く切り目を入れる。肉にフォークを刺して4か所程度穴をあける。しっかり貫通させること。

これで加熱したときのそり返りや、焼きムラを防ぐ。この穴から出てくる肉汁で、豚肉の温度を判断する。

2 焼いて放置する

1

フライパンを強火で1分間加熱する（予熱）。

2

塩・こしょうをふった肉を入れ、15秒間焼き、焼き色をつける。

3 中火と弱火のちょうど真ん中の火加減で、45秒間焼く。フォークであけた穴の1〜2か所から肉汁が出てきたら、下半分が焼けた（繊維が縮んで水分子を放出し始めた）サイン。

厚さ1.5㎝の肉の場合はほぼ全体から肉汁が出た状態が目安。

4

ひっくり返してふたをして、1分間加熱する。

肉に早く火を通すために動かさず、蒸し焼きにする。厚さ1.5㎝の場合は1分半焼く。

5

余熱前

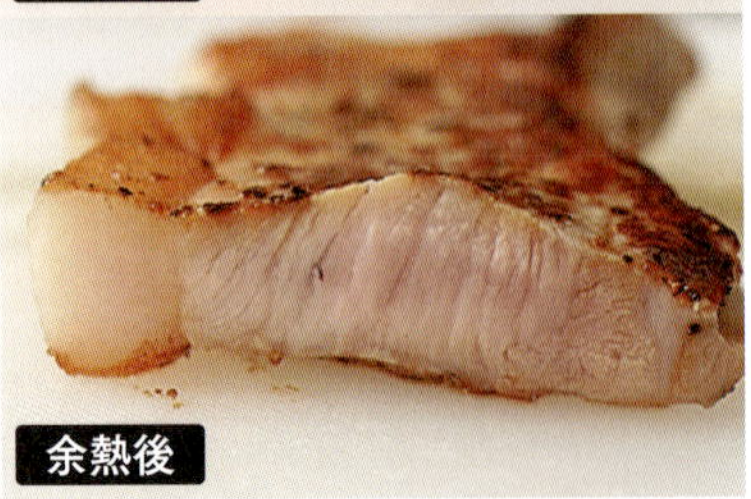

余熱後

まな板や器に移して、3分間放置する（余熱調理）。肉全体が白っぽい色に変わったらでき上がり。

余熱によって、肉の内部にゆっくりと火が通っていく。

今までのやり方

下ごしらえは塩・こしょうだけ

焼きムラが出やすく、焼け具合を判断しにくい。

両面しっかりと焼く

肉汁が流出し、肉が縮み、かたくなってしまう。

2006年1月11日放送「別次元の味！豚肉革命」より

「科学の知恵」で
ガッテン流は**極うま**になる！

豚肉のジューシーさを決める温度がある！

「豚肉はアタリやすいからしっかり火を通さないと」というのが通説ですが、じつは日本に流通する豚肉には、寄生虫はいないことが明らかになっています。もちろん加熱は必要ですが、焼きすぎると肉汁が流出してしまい、肉がかたくなる原因に。

実際に、一般的な作り方とガッテン流の作り方でソテー対決をしたところ、ガッテン流では肉汁がたっぷり残っていましたが、一般的な作り方では肉汁がほとんど残っていないうえに、肉の厚さも５㎜も薄くなっていました。

豚肉は、中心温度を68℃（ジューシーライン）に守ればジューシーさを保てます。あらかじめフォークを使って穴をあけておくと、肉汁があふれるタイミングがわかり、肉を裏返す目安となります。

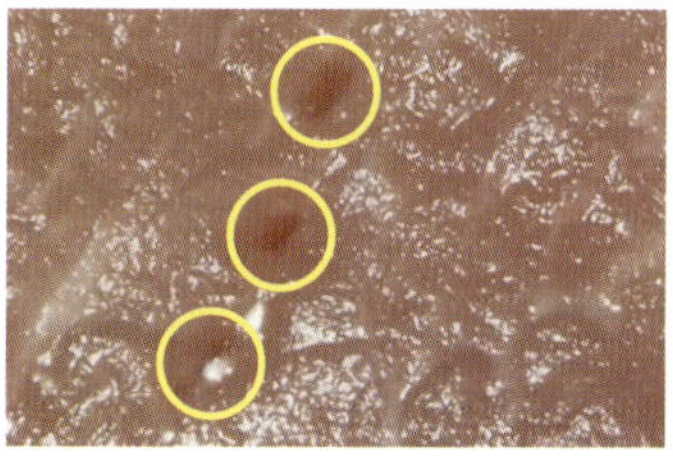

じわじわっと穴から透明な肉汁があふれてきたら片面が焼けた合図。返しどき！

豚肉

乾燥パン粉にも霧吹きを使って、サクサクジューシー！

えびフライ

うまみたっぷりのプロの味に！

「科学の知恵」でガッテン流は**極うま**になる！

1998年12月16日放送「えびのおいしさ大研究」より

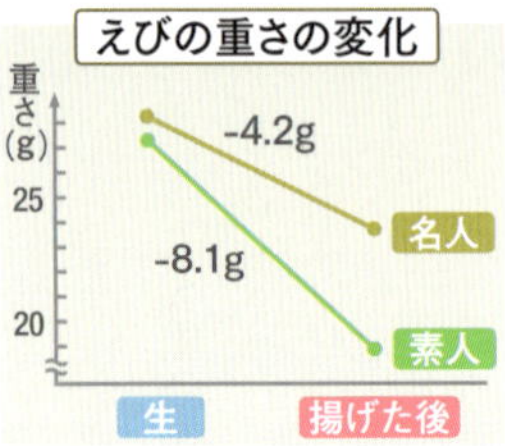

衣の厚さによって、揚げた後のえびの重量は大きく変わることがわかった。

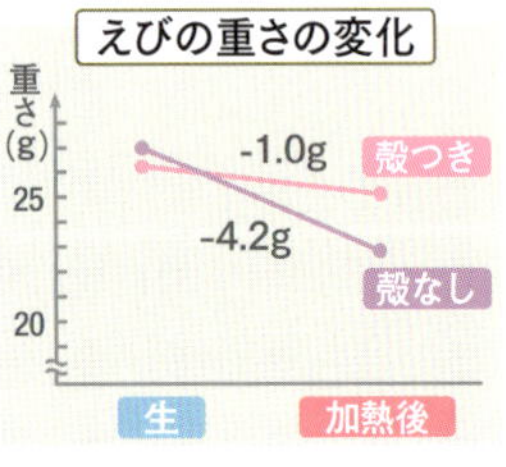

殻つきえびと殻なしえびをゆでたところ、ゆでる前後の重さは殻つきだと1gの減少だったのに対し、殻なしえびは4.2gも減少した。

えびの筋肉構造と殻の、納得の関係

殻つきえびと殻なしえびをゆでて重さの変化を調べたところ、殻なしのほうが重さもうまみも減っていました。また、衣をたくさんつけた名人のえびフライと衣が少なかった素人のえびフライの重量の変化を調べると、素人のえびのほうが大きく減少。

これは、えびの筋肉が荒縄状の複雑な構造をしているため、加熱によって縮むと、まるでおしぼりをしぼるように、うまみ成分がしぼり出されてしまうから。殻やフライの衣は、うまみが流出するのを防ぐ役割があるのです。つまり、えびフライの場合はたっぷりと衣をつけるのがポイント。

今までのやり方

少なめの油でじっくり揚げる

油っぽさの原因に。

材料〔2人分〕

ブラックタイガー
（冷凍・あらかじめ冷蔵室で解凍しておく）
……6本
牛乳・サラダ油……各適量
塩・こしょう・パセリ（みじん切り）
……各少々
強力粉・卵・パン粉……各適量
揚げ油……適量

・1人分の栄養データ・
エネルギー：234kcal　脂質：13.5g　塩分：0.9g

作り方

1 下処理をする

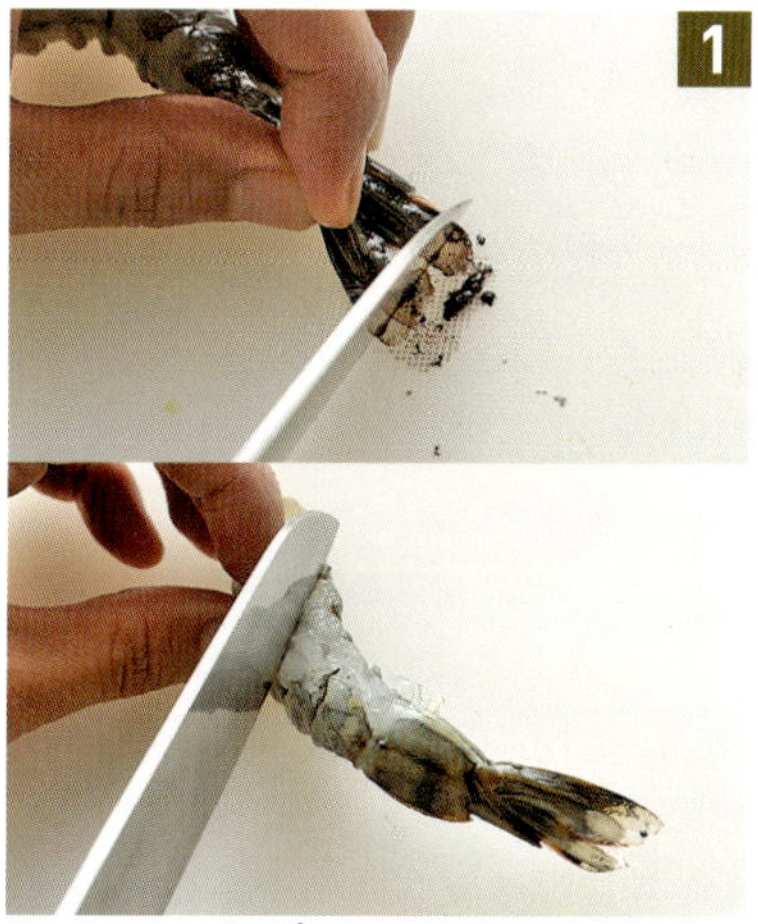

1

殻を取り、尻尾《しっぽ》の先のとがった部分を切って、水分をしごいて出したら包丁の背で腹側に斜めの切り目を5～6か所入れる。

油に入れたときのはね防止とえびが丸まるのを防ぐ。

2

平皿にえびを並べ、牛乳とサラダ油をかけ、30分間ほど冷蔵庫に入れてつけておく。

えびの生臭みを取る。

3

えびに塩、こしょうとパセリのみじん切りをまんべんなくまぶす。

2 しっとり衣をたっぷりつける

ここがガッテン流！

1

乾燥パン粉の場合は霧吹きで水を吹きかけて（乾燥パン粉30g＝約1カップに対して水10～15gを数回に分けて湿らせる）、5分間おく。生パン粉ならそのまま使用。

衣のサクサク感をアップさせる。

2

えびに強力粉をまんべんなくつけ、溶き卵を尻尾の先以外にしっかりとつける。上からパン粉をたっぷりと、握るようにしてしっかりとつける。

強力粉はダマになりにくくさらっとつき、えびと衣の接着剤となる。

3 たっぷりの油で2分揚げる

1

ここがガッテン流！

多めの油を170℃に熱してえびを入れる。菜箸の先を油に入れたとき、1～2秒してから泡が立ってくるのが目安。

少ない油だとすぐに温度が下がり、衣の中の水分をうまく蒸発させられず、油っぽさの原因に。また油の温度が低いと、逆にえびの内部温度が上がりうまみが逃げてしまう。

2

2分後に引き上げる。小さなえびなら1分間ほどでOK。少し揚げ足りない？と思うくらいが、外はサクッと中はやわらかな食感に仕上がる。

えび

10秒冷ますだけで、洋食屋さんのトロ～リ半熟状に！

オムレツ

材料〔1人分〕

卵	3個
塩	1～2つまみ
牛乳	大さじ3
バター	大さじ1
つけ合わせ（お好みで）	適量

・1人分の栄養データ・

エネルギー：364kcal　脂質：27.8g　塩分：1.4g

作り方

1 卵をよ～～く溶く

ボウルに卵を割り入れ、底に菜箸を押しつけるようにして上下にチャカチャカと動かして溶く。目安は100往復。そのあと、塩と牛乳を入れてさらによく混ぜる。

卵白と黄身がしっかり混ざる。

2 焼いてぬれぶきんの上で成形する

1 フッ素樹脂加工のフライパンを強火にかけ、すぐにバターを入れる。溶けて泡がだんだん小さくなって消えかけるまで待つ。1分間が目安。

2 フライパンを火からおろし、ぬれぶきんの上で10秒間冷ます。

これで、フライパンの温度が理想的な80℃まで下がる。

3 再び強火にかけ、溶き卵を投入。フライパンをふりながら、菜箸で全体を混ぜ合わせる。30秒間で15回が目安。

卵が固まる温度とほぼ同じなので、慌てずゆっくりとフライパンをふりながら、半熟状態を作ることができる。

4 卵が理想的な半熟状態になったところで火を止める。

全体がとろ～りとしてフライパンを傾けるとゆっくり流れる程度。

5 ぬれぶきんの上で10秒間冷ましたあと、上下の卵生地を木の葉状にまとめる（この間1分間）。形ができたら、器にひっくり返して盛る。

ふきんの上でまとめるので、ゆっくりと行っても卵は半熟状態のまま。

！ フッ素樹脂加工のフライパンを使った場合のレシピです。鉄のフライパンの場合はかなり高温に熱しておかないと、うまく焼けない可能性が。

今までのやり方

卵は適当に溶く

均一の焼き加減にしにくい。

まわりが固まったら巻く

卵の外側が厚くなってしまう。

2003年9月3日放送「いきなりプロ級！ たまご料理の裏ワザ」より

「科学の知恵」で
ガッテン流は**極うま**になる！

フライパンの温度を80℃にキープするのが、ふわトロへの道！

外側の皮は薄く固まっているのに、中はトロ～リという理想のオムレツにするために、卵の固まる温度に注目。

卵は白身と黄身で固まる温度が違うため、まずはしっかりと混ぜることが第一の条件。実験の結果、全卵の理想的な半熟の温度は72・5℃と判明。オムレツは半熟卵に薄い膜ができたものと考えると、皮は全卵が固まる75℃、中は72・5℃に仕上げられればベスト。これはフッ素樹脂加工のフライパンを低温の約80℃にキープしながら焼けば、プロの腕がなくても理想の半熟状態に仕上げることができるとわかりました。温度が上がりすぎないよう、ぬれぶきんの上で冷ましながら火を通すことがポイントです。

全卵がちょうどいい半熟状態になるのは、72.5℃。

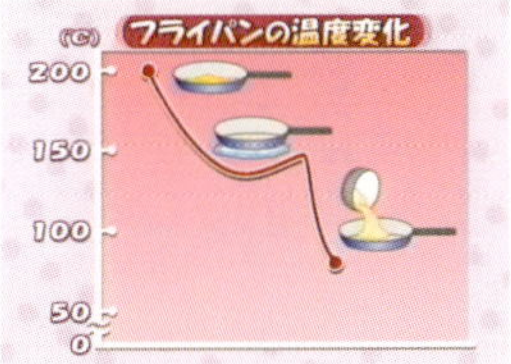

ぬれぶきん上で10秒冷ませば、卵が固まる80℃くらいになっている。

卵

ケチャップの水分をとばせばベタつかない

チキンライス

材料〔2人分〕

鶏もも肉（1㎝の角切り）…………½枚
玉ねぎ（みじん切り）……………¼個
にんじん（みじん切り）……………¼本
ご飯………………………………茶碗2杯分
ケチャップ……………………大さじ3
サラダ油………………………大さじ1
塩・こしょう……………………各少々
パセリ（みじん切り）…………………適量

・1人分の栄養データ・

エネルギー：459kcal　脂質：14.0g　塩分：1.1g

作り方

1 具を炒める

フライパンに油を熱し、玉ねぎとにんじんを炒め、鶏肉を加えてさらに炒める。

2 ケチャップを加え、炒める

ここがガッテン流!

具に火が通ったら、ケチャップを加えて炒め合わせ、水分をとばす。

3 ご飯を加える

ご飯を加えて全体を炒め合わせ、塩、こしょうで味を調える。器に盛ってパセリをふる。

今までのやり方

最後にケチャップを加える

ケチャップの水分とねばりけで、ベタベタに。

うまみ濃縮
調味料を大活用!

2009年9月2日放送「変幻自在! ケチャップ使いきり激ウマ活用術」より

「科学の知恵」で
ガッテン流は**極うま**になる!

ケチャップの水分をとばしてうまみを凝縮!

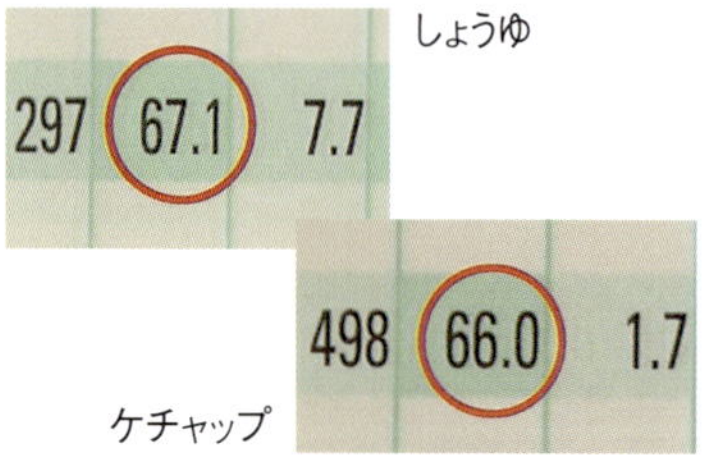

100gあたりの水分量を見ると、しょうゆ67.1gに比べ、ケチャップ66gと同じぐらい。

※五訂増補日本食品標準成分表より。

とろみのあるトマトケチャップですが、じつは意外と水分が含まれています。そのため、チキンライスを作るとき、通常のように最後に味つけとして入れると、ケチャップの水分でベタベタになってしまいます。コツは、まず具と一緒にケチャップを炒めて水分をとばすこと。これでベタつかない、うまみたっぷりのチキンライスになります。

仕上げは余熱まかせでラクラク! ローストビーフ

わずか8分の加熱時間でごちそうが!

2011年7月27日放送「暑さも光熱費も激減! 時短ミラクル料理革命」より

材料〔4人分〕

牛かたまり肉	500g
塩・こしょう	各少々
サラダ油	大さじ1
水	大さじ3

・1人分の栄養データ・

エネルギー：425kcal　脂質：36.0g　塩分：0.9g

作り方

1 牛肉に塩、こしょうをすり込む。

2 フライパンを強火で1分間予熱する。

3 油を入れてなじませ、牛肉を入れて、全面にしっかり焼き色をつける（目安は4分間ほど）。

4 余分な油をペーパータオルでふき取り、水を入れてふたをして、強火で3分間加熱する。

ここがガッテン流!

※油がはねないように、しっかりふき取ってください。水を入れる際にはご注意ください。

5 火を止めてフライパンをコンロからおろし、タオルをかけて30分間待てばでき上がり。

※タオルをかける際は、周囲に火がないか確認してください。

今までのやり方

オーブンでじっくり焼く

時間も手間もかかる、特別な日のごちそう。

「科学の知恵」でガッテン流は極うまになる!

お手軽調理でごちそうが!

じつは“フライパンのふた”は、水道・光熱費と調理時間を激減させてくれる道具です。なぜなら、「蒸気の力」を利用できるから。

ふたをしたフライパン内で、少量の水が加熱されると、大きな熱を蓄えた蒸気になります。この蒸気が食材に触れ、冷えて水滴に戻ると同時に、蓄えていた熱である「凝縮熱」を放出し、食材を熱します。これが、加熱中、余熱中も繰り返されるのです。

ご飯／牛肉

ほどよいやわらかさの中にジューシーなうまみ

ほたてのバター焼き

横に切れば、
絶妙の
歯ごたえに!

材料〔2人分〕

ほたての貝柱……4個
バター……10g
塩・こしょう……各適量
レモンの薄切り・
つけ合わせ……各適量

・1人分の栄養データ・
エネルギー：91kcal　脂質：4.2g　塩分：0.6g

※ほたてはLサイズ（貝柱約50g）のもので算出しています。

作り方

1 ほたては横に2等分し、水けをふき取り、塩、こしょうをふる。

ここが
ガッテン流!

2 フライパンにバターを入れて温め、ほたてを入れる。

3 強めの中火で両面を返しながら2分間焼いたら、器に盛って、レモンとつけ合わせを添える。

今までのやり方

厚いままで焼く

いちばん身のおいしくなる温度帯に焼き上げにくい。

2003年7月23日放送「漁師直伝！ ホタテの極意」より

「科学の知恵」で
ガッテン流は**極うま**になる!

ほたてを焼くなら、横半分に切ってから加熱！

ほたては貝殻を開けたり閉じたりしながら泳ぎます。この貝を動かしているのが、貝の真ん中にあり、筋肉でできている大きな貝柱。この筋肉は牛や豚の肉と同じ性質で、焼いておいしくなる温度帯も肉と同じ70℃。ほたては横半分に切って焼くと、表面にほどよく焼き色がつくころ、中心が70℃になります。

また、ほたての筋肉繊維は上下に走っているため、縦切りすると、刺身の場合は歯ごたえが楽しめますが、焼いた場合は繊維が残ったまま水分が抜けるため、弾力がありすぎてゴムのようなかたさを感じてしまいます。

※ほたての刺身を切る場合は縦に切ります。32ページ参照。

第4章

加熱ワザで、ラク〜に極うま！

中国・韓国料理

ひと手間
かけて
プロの味に！

仕上げの油で豆腐の食感も変える！

麻婆《マーボー》豆腐

2006年9月13日放送「大発見！ マーボー豆腐 激うま調理術」より

「科学の知恵」で
ガッテン流は**極うま**になる！

脂と油の認識を変えて、ぷるるん食感にレベルアップ！

主婦とプロの作り方を比べてみると、まず違うのが、肉を炒める時間。「炒めすぎてはいけない」と、さっと炒めている人が多いようですが、じつは、最初に肉をしっかりと炒めることで、コクの出方がまったく違うことがわかりました。目安は肉の色ではなく、脂の色。プロは脂の色が透明になるまで炒めます。

また、豆腐を煮る際かき混ぜすぎないのが、型くずれせず、味がしっかりしみ込むコツです。そしてプロが最後に加えるのが化粧油といわれる仕上げの油。油を加えることで沸点が上がり、豆腐のたんぱく質の構造が変化するため、クリーミーでぷるるんと弾力のある食感となるのです。

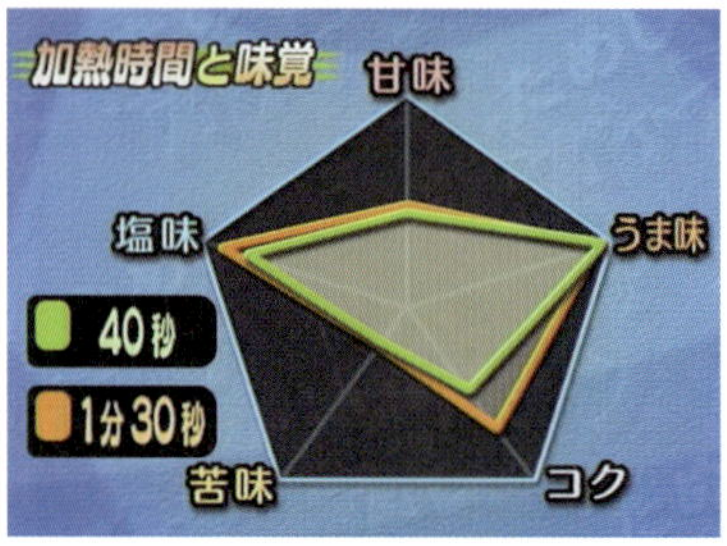

肉の炒め時間が40秒と1分30秒のソースを味覚センサーで比較したところ、炒め時間が長いほうがコクは1.5倍もアップした。

材料〔2～3人分〕

木綿豆腐（1㎝角に切る）……1丁
豚ひき肉……100g
豆板醤《トウバンジャン》……大さじ1½
甜麺醤《テンメンジャン》……大さじ1⅓
A（合わせておく）
- 鶏がらのスープ……大さじ4
- 酒……大さじ1強
- しょうゆ……大さじ1½

水溶き片栗粉
……片栗粉と水各大さじ2
サラダ油……大さじ3
花椒《ホワジャオ》（お好みで）……少々

・1人分の栄養データ・
エネルギー：320kcal　脂質：22.9g　塩分：4.0g

作り方

ひき肉をよ～く炒めて最後に化粧油を加える

中華鍋を１分間強火で加熱したら、油大さじ１を入れる。

中火にして、ひき肉と油大さじ１を入れて、肉の脂が透き通るまで１～2分間しっかりと炒める。
ここで入れる油は肉の焦げつき防止と脂を引き出す役割。しっかりと炒めることでコクを引き出す。

豆板醤と甜麺醤を加えて、約20秒間、全体が同じ色になるまで炒める。

Aを回し入れて混ぜたあと、豆腐を加える。火を少し弱めて、豆腐の水分をとばすように1分間煮る。このとき、かき回さずにほうっておくこと。

お好みで花椒を入れ、水溶き片栗粉を４回くらいに分けて入れる。

仕上げに油大さじ１を化粧油として加えて、強火で40秒間ほどグツグツ煮たら火を止める。
油を足すことで、豆腐がやわらかくなる。また、水溶き片栗粉を入れたあとにすぐに火を止めず、強火で加熱することで、モサモサしたスープにならず、食感なめらかなとろみもつく。

今までのやり方

ひき肉は色が変わる程度にさっと炒める
じつは、肉の脂の色が変わるまでしっかり炒めないと、肉のコクと風味は十分に引き出せない。

豆腐とスープをよく混ぜる
豆腐がくずれて小さくなってしまい、ぷるるん食感が味わいにくくなってしまう。

豆腐・ひき肉

まずはゆでる作戦で、モチパリ食感革命！

ギョーザ

いつもと
同じ材料で、
プロの味に！

「科学の知恵」で
ガッテン流は**極うま**になる！

2000年8月23日放送「決定版！ ギョーザの鉄則」より

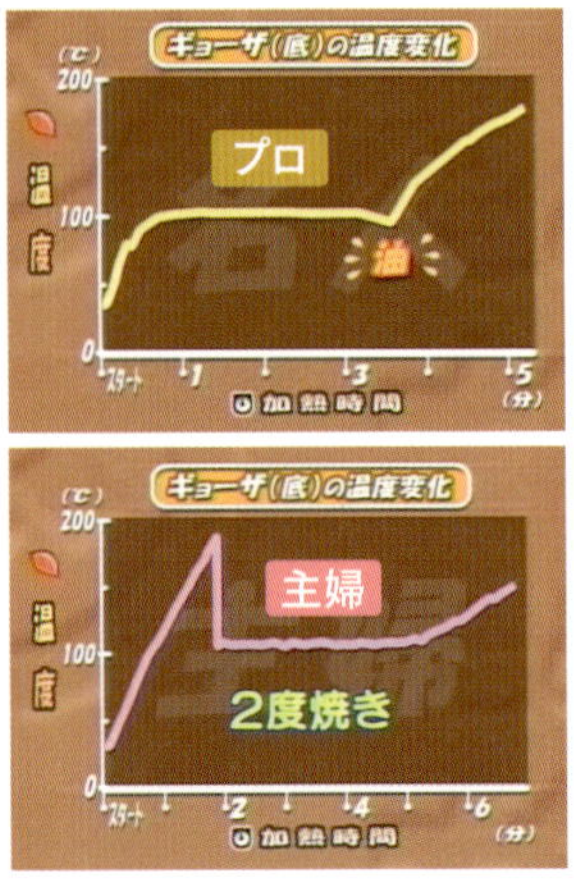

皮の温度変化を見てみると、プロは100℃をキープし油を入れて最終的に皮をパリッと焼き上げるのに対し(上)、主婦は途中で水を入れたことにより、温度がいったん下がり再び上がるという二度焼きの状態に(下)。

モチモチパリッと焼くコツは、ゆでる→焼く！

ギョーザの魅力はモチモチ、パリッとした食感ですが、自分で焼くと、底が焦げていたり、かたくなったりしがち。

プロと主婦の焼き方を比べたところ、プロは最初に熱湯を入れてゆでてから油で焼いていました。でんぷんは大量の水と熱を加えると糊《のり》状に変わり（糊化）、これがもちもちの食感を生みます。その後、お湯を捨てて油を入れると、温度が急上昇します。この最後の加熱が、パリッと焼き上げるコツなのです。

一方、主婦は焼いてから水を入れたため、二度焼きの状態に。これだと糊化が起こらず、皮がかたくなる原因に。「ゆでてから焼く」がモチモチ、パリパリの鉄則です。

今までのやり方

焼いてから水を差す

皮がかたくなり、焦げつきの原因に。

材料〔50個分〕

豚ひき肉……400g
　塩……小さじ1½
キャベツ（粗みじん）……350g
　塩……小さじ⅔
にら（みじん切り）……½束
長ねぎ（みじん切り）……大さじ2
ギョーザの皮……50枚
A
　こしょう……少々
　ごま油・酒……各大さじ1
　ラード……大さじ3
　しょうゆ・砂糖……各大さじ2

・1個分の栄養データ・
エネルギー：51kcal　脂質：2.7g　塩分：0.4g

作り方

1 肉だけをよ〜く こねてたねを作る

1 キャベツは塩をふって5分間おき、しんなりしたら水けをしぼる。

2

ひき肉に塩を入れてよくこね、**A**の調味料を合わせ混ぜてさらにこねる。全体が白っぽくなり、持ち上げて軽くふっても落ちなくなるまでよくこねる。

しっかりとこねることで、ジューシーさが引き出される。

3

キャベツ、にら、長ねぎを加えて、全体に軽く混ぜ、ラップをかけて冷蔵室で2時間休ませる。

たねが落ち着き、さらにしっとりジューシーに。また、たねが冷えてかたくなるため、包みやすくなる効果もある。

2 たねを包む

1

片手に皮を置き、もう一方の手でたねを適量とって、皮の中心よりも手前に置く。

2

皮を二つ折りにして、ひだを寄せてくっつける。これを繰り返して包み、しっかりと口を閉じる。

3 ゆでてから焼く

1

フライパンに油をひかずに、ギョーザを少し間をあけて並べる。ギョーザの高さの半分まで熱湯を注ぐ。ふたをして強火で3分間ゆでる。

湯が多すぎると具がほぐれてしまうので注意。全体に蒸気が回って、皮の食感がもちもちになる（糊化が起こる）。冷凍ギョーザの場合は4分を目安に。

2

火を止めて、ふたをずらして湯を捨てる。ごま油大さじ1（分量外）を加え、ふたをして約1分半、底に焼き目がつくまで焼く。

ここで皮をパリッと仕上げる。鉄のフライパンだとくっつくことがあります。

3 ほどよい焼き目がついたらでき上がり。

肉野菜炒め

4人分が一気に短時間でできあがり!

材料〔4人分〕

豚ばら肉（一口大に切る）…………100g
キャベツ（せん切り）………………500g
にんじん（せん切り）………………50g
ピーマン（せん切り）………………50g
サラダ油…………………………大さじ1
塩…………………………………小さじ1

・1人分の栄養データ・

エネルギー：157kcal　脂質：12.1g　塩分：1.5g

作り方

1 野菜と油、塩をよく混ぜる

ボウルに、キャベツ、にんじん、ピーマンを入れ、サラダ油、塩を加えてよく混ぜる。

2 中華鍋に材料を重ねる

火をつける前に、中華鍋の鍋底に豚肉を敷く。

その上に野菜を入れる。

3 ふたをして強火で加熱する

ふたをしてから、点火。強火でそのまま動かさずに1分30秒間加熱する。

4 ふたをあけて混ぜる

ふたをあけて、20秒間、強火のまま鍋底からしっかり全体を混ぜる。

5 ふたをして加熱し、余熱を加える

1 再びふたをして10秒たったら、火を止める。

2

そのまま1分間、余熱を加える。

※中華鍋を使用するレシピのため、フライパンで代用する場合は加熱時間を調整してください。

今までのやり方

肉、野菜の順に炒める

混ぜながら炒める

味つけは最後に

油や調味料が多めになりがち。しかもフライパンをたくさんふるのでクタクタに……。

2011年7月27日放送「暑さも光熱費も激減！ 時短ミラクル料理革命」より

豚肉

「科学の知恵」で
ガッテン流は極うまになる！

「ふた」で一気に調理！

フライパンにふたをすると、材料の水分で蒸気が発生します。蒸気が抱え込んだエネルギー「凝縮熱」は、蒸気が水に変わるときに一気に放出。蒸気が食材に触れて冷やされ水に戻る➡水が鍋底の熱で再び蒸気になる、そのたびに出る凝縮熱で、短時間でたくさんの食材の調理が可能に。

加熱時間はふつうの半分になるので、野菜はシャキシャキ、味は強く感じられて、調味料も少なくて済みます。

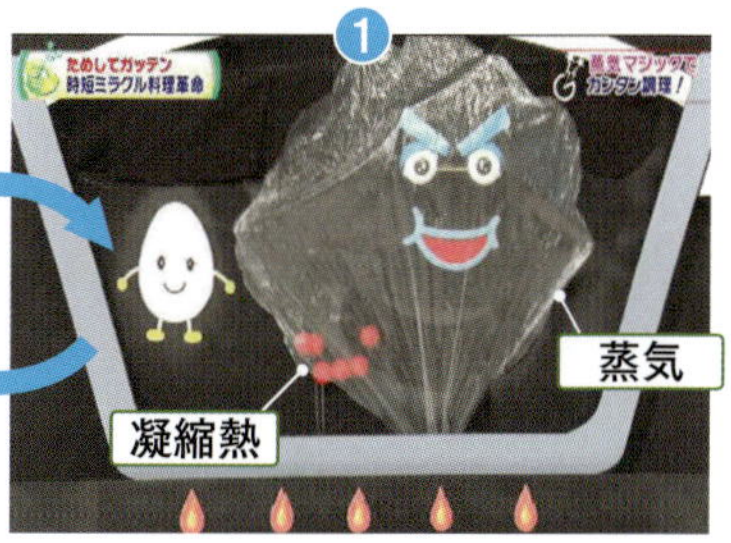

水は蒸気になるときに1600倍以上にふくらむ。この変化にはたくさんの熱エネルギーが必要で、蒸気は、その大きな「凝縮熱」を蓄えている。

発生した蒸気が食材に当たると冷やされて水に戻る。このとき放出された凝縮熱が、効率よく食材を温める。水は加熱され再び蒸気に。

"砂糖＋炒める"のWワザでコクまろに！

豚キムチ

同じ調理時間で絶品の味に！

材料〔2人分〕

豚ばら薄切り肉	100g
白菜キムチ（古漬け）	150g
砂糖	大さじ1
長ねぎの青い部分	100g
しょうゆ	大さじ½
ごま油	大さじ1

・1人分の栄養データ・

エネルギー：325kcal　脂質：24.0g　塩分：2.4g

今までのやり方

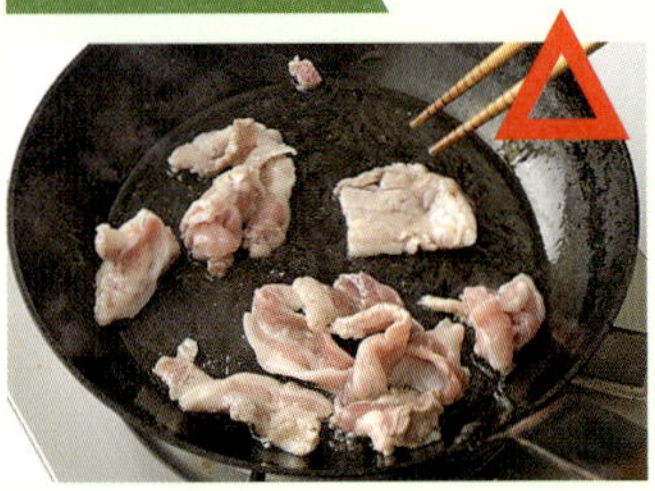

まず豚肉を炒めてから最後にキムチを入れる

じつは、キムチに含まれるうまみや香りを十分に引き出せていない。

作り方

砂糖を加えたキムチから炒める

1 豚肉は食べやすい大きさに切る。

2

キムチに砂糖を加えて混ぜる。

酸味が抑えられ、まろやかで奥深い味になる。

3

フライパンにごま油を入れて熱し、キムチを炒める。

よく炒めてうまみを引き出す。

4 豚肉と長ねぎを加えて炒め、しょうゆを入れてさっと混ぜたらでき上がり。

ガッテン！新知識

熟成キムチは栄養成分が豊富！

捨てられがちな古漬けの熟成キムチは、じつは栄養成分がぐんとアップしています。酸っぱくなるのは、乳酸菌が増えているから。熟成10日目くらいで乳酸菌は1gで約6億にも増加。また、ビタミンB1、B2、B12も熟成とともに増加し、熟成3週間目くらいにピークになりました。

つまり、漬けたてよりも3週間から1か月ほどたった熟成されたキムチのほうが体にいいということになります。

キムチに含まれるビタミンB群含有量の変化

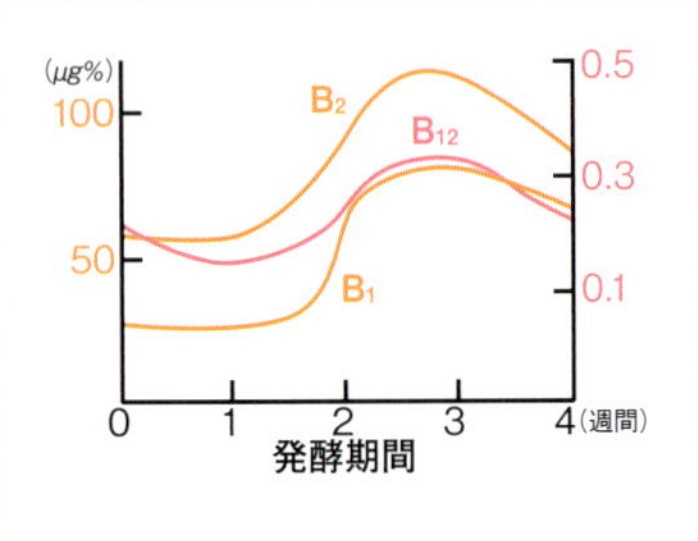

ビタミンB群は漬けてから3週間目くらいでピークに達する。

2004年11月17日放送「秘伝！ 韓国キムチ料理の神髄」より

「科学の知恵」で
ガッテン流は**極うま**になる！

キムチは炒めることでうまみ倍増！

キムチを炒めものや鍋に加えるときには、最後に味つけで加えることが多いですが、じつはキムチのうまみは、炒めることでアップします。キムチに含まれる糖分（材料に含まれている砂糖など）とアミノ酸（塩辛のたんぱく質が発酵によって変化してできるもの）は、１００℃以上の温度で加熱されると、くっつき合って香りやおいしさのもとになる物質が生まれるのです（アミノカルボニル反応）。

また、本場韓国では、漬けたてキムチより熟成キムチが主流。ただし、熟成キムチは酸味が強いので、あらかじめ砂糖をもみ込んでおくと、炒めることでアミノカルボニル反応が起こりやすくなり、まろやかな味に仕上がります。

キムチに含まれる糖分とアミノ酸が炒めることでくっつき、アミノカルボニル反応が起こる。

レバーの臭みを減らす！ スタミナ成分も342倍にアップ！

レバニラ炒め

今までのやり方

よく炒める

加熱により臭み成分がどんどん発生。

レバーを水にさらす

レバーの臭みはほとんどとれない。

加熱時間を
短くして、
プロの味に！

2000年7月5日放送「夏バテ解消！ レバー料理の鉄則」より

「科学の知恵」で
ガッテン流は**極うま**になる！

レバーの臭みの正体は血ではなかった！

レバーの独特の臭みをとる方法として冷水にさらすことが知られていますが、水にさらしたレバーとさらしていないレバーを、10分間ゆでてニオイを測定すると、ほとんど差はありませんでした。じつは水につけても血抜きができるのは表面のわずか5％に過ぎなかったのです。

レバーの独特の臭みは、細胞中にある膜の成分のひとつ、アラキドン酸が加熱により血液中の鉄分に反応して、酸化・分解されることで発生します。つまり、水にさらすよりもレバーの加熱時間を短くするほうが、効果的なのです。

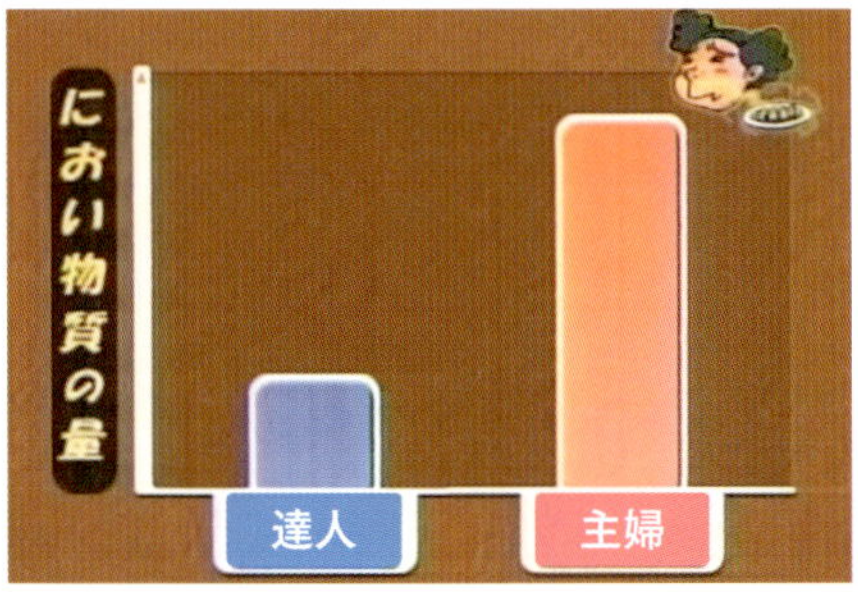

短時間加熱調理の達人と一般的な調理法の主婦のニオイ物質の量を比べると、達人のニオイは主婦の$\frac{1}{3}$の量でした。

材料〔２人分〕

豚レバー……120g
にら……⅓束
もやし（ひげ根を取る）……100g
長ねぎ（みじん切り）……少々
しょうが（みじん切り）……少々
A
しょうゆ・紹興酒……各小さじ½
しょうがのしぼり汁……小さじ１
片栗粉……大さじ1½
B（合わせておく）
鶏がらのスープ……大さじ２
しょうゆ……大さじ１
オイスターソース・紹興酒・酢……各小さじ２
砂糖……小さじ⅔
水溶き片栗粉……小さじ２
サラダ油……適量

・１人分の栄養データ・
エネルギー：178kcal　脂質：6.6g　塩分：2.3g

作り方

1 下準備をする

1 レバーは薄切りにして水けをふき取り、**A**に15分ほどつける。

2

にらは、葉先の部分は食べやすい長さに切り、白い根元は細かく刻む。
根元と葉で切り方を変えて栄養成分を引き出す。

2 レバーは揚げてから、さっと炒める

1

中華鍋を熱し、レバーが十分つかる量の油を入れ、油がサラサラしてお湯のようになるまで（160℃）加熱する。

2

揚げる直前に、レバーに片栗粉をまぶし、レバーを揚げる。45～50秒くらいたって、泡が小さくなったらとり出す。
最低限の火を通すことで臭みが出るのを防ぐ。

3

油を少しだけ残して鍋の油をあけ、ねぎ、しょうが、もやしを炒め、レバーをもどし、合わせておいた**B**を回しかける。

4

２通りに切ったにらを加え、ひと混ぜすればでき上がり。

ガッテン！新知識

にらの栄養200％活用術

　にらは、葉先の緑色の濃い部分と、根元の白い部分では、含まれる成分が違います。香りや味のもとになるアリシンは根元のほうが４倍も多くあります。一方で、葉先のほうにはβカロテンが５倍、ビタミンEも３倍多く含まれています。
　にらを切ると、アリシンが酵素と反応して、アリインという物質が発生します。しかし切る前に加熱すると、酵素が働きません。
　にららしい香りやスタミナ効果を得ようとする場合、根元の部分は、細かく刻んで加熱したほうが、５cm長さ程度に切った場合より、342倍ものアリシンが発生することがわかりました。

香味野菜は最後に投入して、香りアップ！

チンジャオロースー

材料〔2人分〕

牛もも細切り肉……100g
ゆでたけのこ（細切り）……50g
ピーマン（細切り）……70g
にんにく（みじん切り）……小さじ⅓
しょうが（みじん切り）……小さじ1

A
- 溶き卵……大さじ1
- 片栗粉……小さじ2
- サラダ油……小さじ2

B（合わせておく）
- 鶏がらのスープ……大さじ3
- しょうゆ……大さじ1½
- 酒……大さじ1
- 砂糖……小さじ1½
- 片栗粉……大さじ⅔

サラダ油……大さじ3

・1人分の栄養データ・

エネルギー：375kcal　脂質：29.6g　塩分：2.1g

作り方

1 牛肉に**A**を合わせてまぶす。
油を入れることで、肉がほぐれやすくなる。

2 中華鍋を火にかけ、1分間加熱し、油を入れて全体になじませる。

3 牛肉をほぐしながら入れて炒め、たけのこを加えて炒める。

4 にんにく、しょうがを入れてさらに炒める。　ここがガッテン流！
いったん温度が下がったところで入れるので、焦がさずに香りを生かせる。

5 ピーマンを入れて全体に火が通ったら、**B**を回し入れて、とろみがついたらでき上がり。

今までのやり方

にんにくを先に炒める
にんにくの香りが半減。

2007年2月14日放送「変幻自在！ 中華料理に学ぶ油の極意」より

「科学の知恵」でガッテン流は**極うま**になる！

にんにくの香りは、投入どきで変わる！

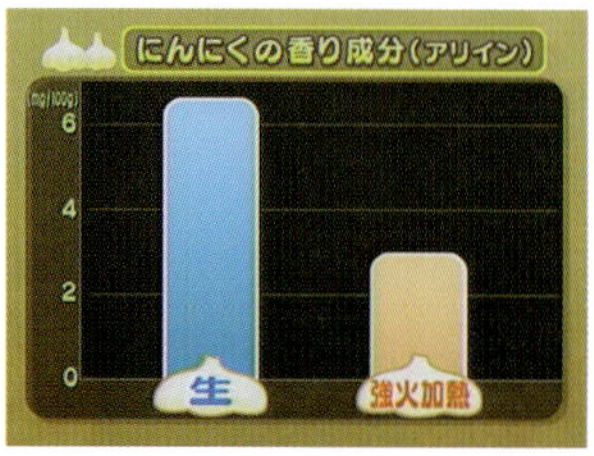

せっかくのにんにくの香りが予熱&高温加熱後では、半分以下になってしまう。

炒めものは、予熱しっかり&高温短時間炒めが鉄則ですが、にんにくがあると別。鉄則どおり炒めると、焦げ臭くなってしまうのです。

にんにくの香りのもとであるアリインという成分は、予熱&高温加熱の状態では半分以下になることがわかりました。にんにくを炒めものに入れる場合は、最初に炒めるのではなく、最後に入れたほうが、香りが立ちます。

寝かせたえびは、プリップリ！

えびチリ

寝かせるだけで絶品の味に！

今までのやり方

えびをそのまま揚げる

うまみが流出し、身も収縮。

1998年12月16日放送「エビのおいしさ大研究」より

材料〔3～4人分〕

むきえび（大）……300g
えびチリソースの素（市販品）…1箱
万能ねぎ……少々
A
- 卵白・塩・こしょう・ごま油……各少々
- 片栗粉……小さじ2

サラダ油……大さじ1⅓
揚げ油……適量

・1人分の栄養データ・
エネルギー：217kcal　脂質：14.1g　塩分：1.0g

作り方

1. むきえびを塩水（分量外）で軽く洗い、水けをきっておく。
2. えびに**A**をまぶし、よく混ぜ合わせる。そこに油を加えて冷蔵庫で1～2時間ほどなじませて、油で軽く揚げる。

ここがガッテン流！

表面に薄い膜ができ、衣代わりとなってうまみを逃がさない。

3. フライパンに油（分量外）を熱し、えびを炒め、えびに再び火が通ったらチリソースを加えて、仕上げに万能ねぎを散らす。

「科学の知恵」でガッテン流は**極うま**になる！

膜を作ってうまみを逃がさない！

えびは、102ページでも説明しましたが、ほかの魚介類に比べて、加熱すると収縮しやすいうえに、うまみ成分が逃げやすい筋肉構造になっています。

えびのうまみを逃がさず、プリプリにする方法は、やわらか衣。卵白や片栗粉、油などでまぶして薄い膜を作り、揚げて下処理しておくことで、身が縮まずプリップリの仕上がりになります。

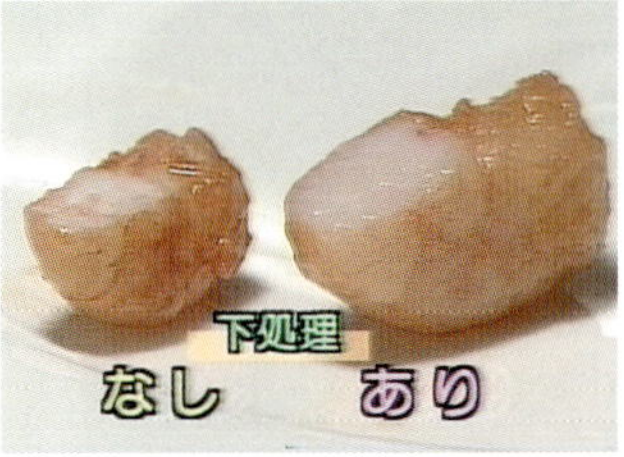

下処理の有無で、同じえびなのに仕上がりには大きな違い！

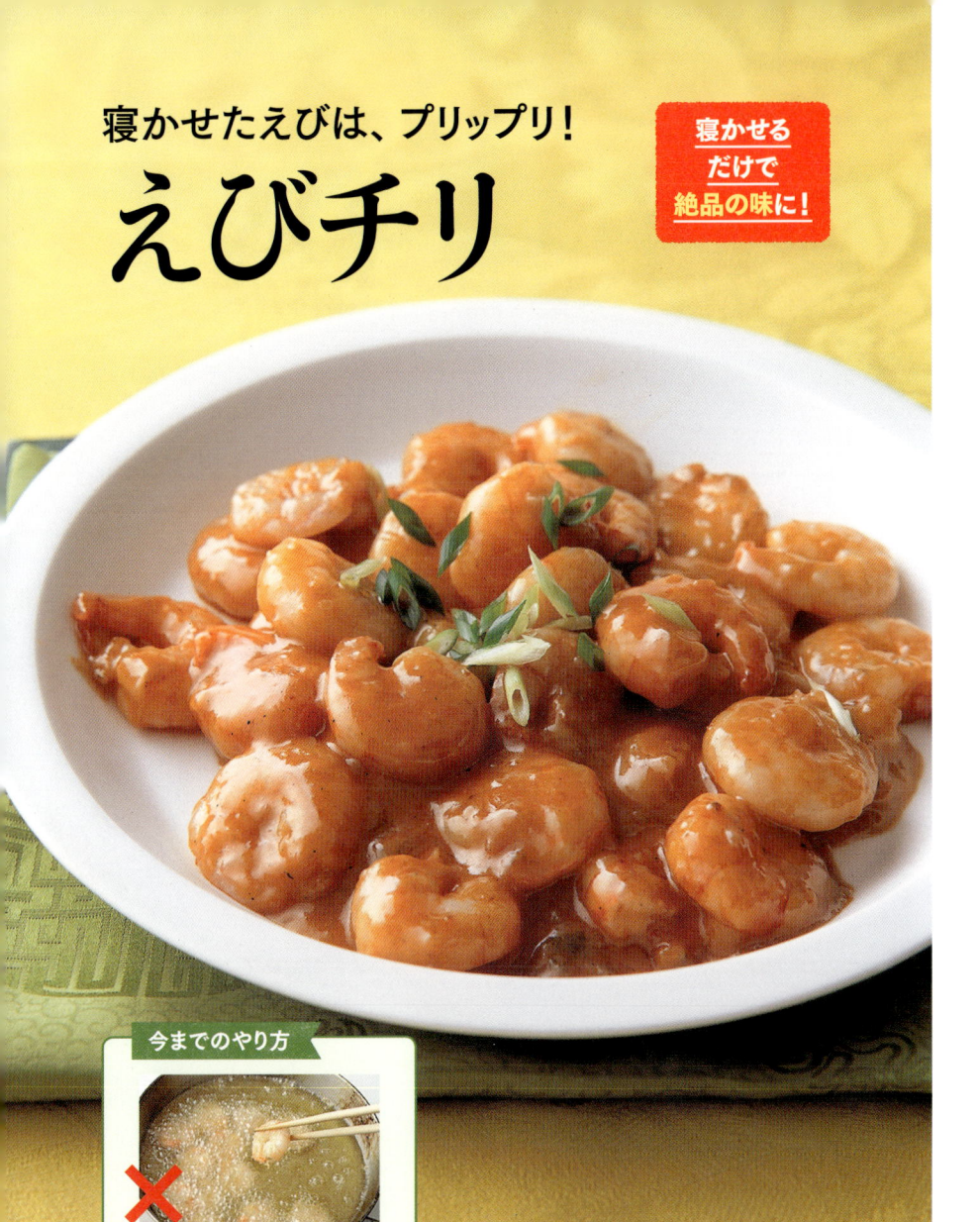

卵を入れて、8秒後のご飯投入が決め手！

チャーハン

いつもと
同じ材料で、
プロの味に！

2000年5月31日放送「決定版！ チャーハンの鉄則」より

「科学の知恵」で
ガッテン流は**極うま**になる！

パラパラチャーハンは早ワザが命！

名人のチャーハンと主婦の大きな違いは、油っぽさ（名人はパラパラ、主婦はベタベタ）にありました。電子顕微鏡で見てみると、名人のご飯粒には卵がご飯のまわりを薄く取り囲んでいました。この卵がパラパラのヒミツです。

これは卵のもつ乳化という働きを利用しています。本来ならはじき合うご飯の水分と油を、卵に含まれるたんぱく質がつなぎ合わせていたのです。これでベタつくことなく、パラパラに仕上げることができます。ただし、この乳化が起こるのは卵に熱が通るまでの間。つまり、卵を入れてからご飯を加えるタイミングが重要なのです。

卵を入れて8秒後にご飯を投入すれば、乳化の働きを利用して、誰でもプロ並みに仕上げられます。

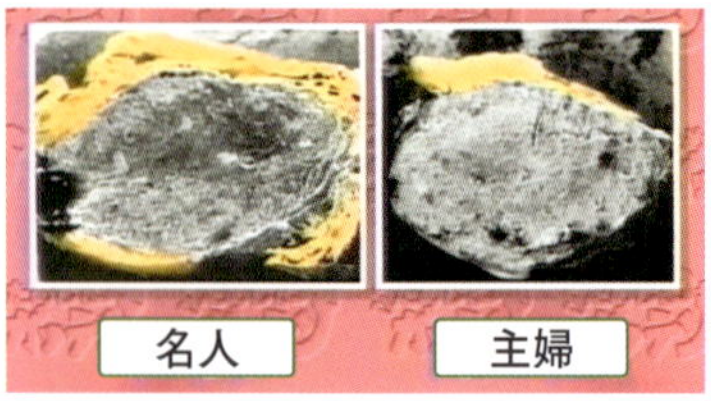

プロのご飯粒は卵がまわりを囲んでいるが、主婦のほうは卵が一部だけだったり、中に入り込んだりしていた。

材料〔2人分〕

溶き卵	2個分
ハム（5㎜角に切る）	3枚
万能ねぎ（小口切り）	10g
温かいご飯	400g
塩・こしょう	各少々
しょうゆ	小さじ1
サラダ油	大さじ4

・1人分の栄養データ・
エネルギー：699kcal　脂質：34.2g　塩分：1.6g

今までのやり方

卵をしっかり炒める
乳化が起こらず、ご飯がベタベタに。

冷えたご飯を投入する
鍋の温度が下がってしまう。

作り方

1 材料をそろえる

材料は、調味料も含めてすべてそろえて準備をしておく。ご飯は温かいものを用意する。
時間勝負なので準備は万全にする。冷えたご飯はNG。家庭の火力ではすぐに鍋の温度が下がってしまい、ベタベタの原因に。

2 卵を入れたら8秒後にご飯。一気に炒める

1

中華鍋または鉄のフライパンを強火で1分間加熱する（予熱）。煙が出てくるまでが目安。
フッ素樹脂加工のフライパンを使用する場合は予熱時間は短めにすること。

2

油を回し入れ、鍋になじませる。

＼10秒後、卵投入！／

3

10秒後、溶き卵を投入し、鍋肌に広げる。

＼8秒後、ご飯投入！／

4

8秒後、卵が半熟のうちにご飯を入れて、勢いよく炒め、卵とご飯を約50秒間よくなじませる。
卵、油、ご飯の水分がまんべんなく混ざり合い、うまく乳化が起こる。

5

ハムとねぎを加え、30秒間炒める。

6

塩、こしょうをふって、10秒間炒める。

7　しょうゆを鍋肌からたらし、全体になじませる。

余熱調理でまいたけのうまみアップ！

まいたけのオイスターソース炒め

2005年9月14日放送「うま味12倍！ まいたけ超活用術」より

「科学の知恵」でガッテン流は極うまになる！

うまみ成分が12倍にアップ！

まいたけには、きのこのうまみ成分である、グアニル酸を作る酵素と壊す酵素が含まれます。番組で調べると、壊す酵素は60℃付近で、作る酵素は70℃付近で働かなくなりました。つまり、60～70℃の温度帯で、グアニル酸はグッと増えるのです。この温度帯で加熱したところ、うまみ成分がそれまでの12倍に！

まいたけ料理のもうひとつのコツは食感。うまみが急増する温度帯で調理したいけれど、加熱し続けると食感はどんどん悪くなってしまう……。この問題を解決したのが、「強火で短時間の加熱」のあとの「余熱」。一気に温度を上げたあとに「余熱」でうまみ急増温度帯を通ることで、食感もキープできるのです。

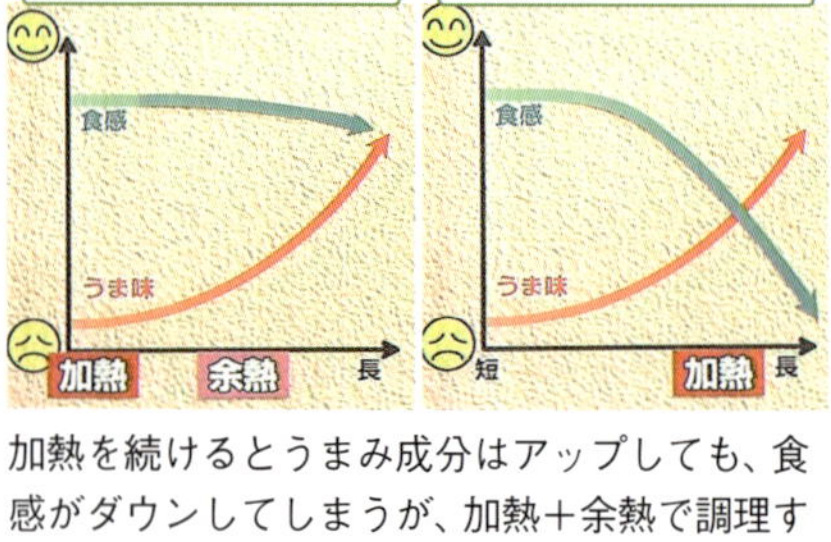

加熱を続けるとうまみ成分はアップしても、食感がダウンしてしまうが、加熱＋余熱で調理すれば、うまみと食感の両方がよくなる。

材料〔4人分〕

まいたけ……150g
ほたて
（刺身用を縦に３等分に切る）……３個
赤・黄・緑ピーマン
（一口大に切る）……各¼個
A
鶏がらのスープ……大さじ２½
しょうゆ……大さじ２
酒……大さじ１
オイスターソース……小さじ１
こしょう・片栗粉……各少々
サラダ油……大さじ１

・１人分の栄養データ・
エネルギー：135kcal　脂質：6.6g　塩分：3.4g

今までのやり方

材料すべてを
じっくり炒める
まいたけの食感が損なわれてしまう。

作り方

1 まいたけは石づきをとり、茎の幅を２cmにそろえる。**A**は混ぜ合わせておく。

強火の短時間で火が通る太さになるよう、まいたけの茎の幅を２cmに切る。

2 フライパンを強火で１分間、予熱する。

3 フライパンに油をなじませ、まいたけを重ならないように並べたら、そのまま30秒間、まいたけを動かさずに焼く。ひっくり返して裏面も同様に30秒間焼く。

4 ほたてとピーマンを加えて、全体を混ぜ合わせるように30秒間炒める。

5 **A**を加え、水分を飛ばしつつ味をからませたら、火からおろす。

6 器に盛り、余熱の時間を２分間以上とって、でき上がり。

まいたけおすすめレシピ

まいたけご飯

材料〔4人分〕

まいたけ（1cm幅に切る）150g、米3合、水3カップ、しょうゆ大さじ2、A［しょうゆ大さじ2、酒・油各大さじ1］

・１人分の栄養データ・
エネルギー：449kcal　脂質：4.2g　塩分：2.6g

作り方

❶米をとぎ、30分間浸水させて、水としょうゆを加えて炊く。

❷まいたけを、右記の要領で炒める（**A**で調味する）。

❸ご飯が炊けたら、すぐに②を加えて蒸らす。

まいたけを炒めるときの基本！

まいたけの炒めもの

材料〔作りやすい分量〕

まいたけ……100g
しょうゆ・酒・油……各大さじ１

・１人分の栄養データ・
エネルギー：69kcal　脂質：6.2g　塩分：1.3g

作り方

❶フライパンに油をひき、強火で１分間予熱。

❷まいたけの茎の幅を2cmに切る。まいたけを動かさずに、強火で片面30秒間ずつ焼く。

❸しょうゆ、酒を加えて30秒間混ぜたら火を止め、２分間以上余熱を入れる。

「7秒ゆで」で、極上の食感に！

もやしのナムル

しっかりゆでる
食感とうまみが失われてしまう。

「科学の知恵」で
ガッテン流は極うまになる！

2000年10月11日放送「安いだけじゃない！もやしの実力」より

材料〔2人分〕

もやし……250g
ごま油……小さじ1
塩……小さじ½
青ねぎ（小口切り）……適量

・1人分の栄養データ・
エネルギー：36kcal　脂質：2.1g　塩分：1.5g

作り方

1 お湯を十分に沸騰させる

2 もやしを入れ、7秒ゆでる

もやしを一気に入れ、7秒間たったら引き上げて水けをきる。

3 油、塩とあえる

ボウルにごま油と塩を入れて混ぜ、もやしを加えてあえる。器に盛り、青ねぎを散らす。

短時間加熱で、もやしのうまみと食感、栄養を守る！

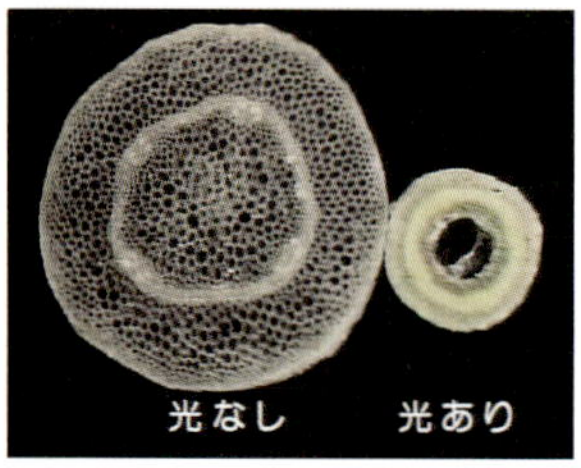

暗いところで育ったもやし（左）は、光をあびたもやし（右）より細胞の粒が大きい。

もやしは、豆を発芽させ、光を当てずに水を与えながら2週間ほどかけて育てます。光を求めて四方八方に細胞を広げて育つため、大きくて丸いしっかりした細胞になります。これが、もやし特有のしゃきしゃきした食感の秘密。豆にはなかったアミノ酸やビタミンCも生まれます。

こうした食感、うまみ、栄養を損なわないように、加熱はできるだけ短時間にするのがコツです。

第5章

科学の裏ワザで、ラク～に極うま！

麺類・ご飯・
パン・ピザ

塩も入れず、少ないお湯で1分ゆでるだけ！

「すいすいパスタ」（浸水パスタ）の作り方

今までのやり方

たっぷりの湯でゆでる

できればお水も時間も光熱費ももっと節約したい。

塩を加えてゆでる

麺の食感は通常入れる塩分量程度では変わらない。

2013年10月9日放送「うまっ！ 次世代パスタ」より

芯まで浸水させておくとあっという間にゆで上がる

通常、乾麺のパスタをゆでるときは、たっぷりの湯を沸かし、麺の太さにもよりますが、10分前後のゆで時間が必要です。

ところが、番組は、ゆでる水の量も少なく、ゆで時間も1分ですむという驚きのワザを発見しました。

必要なのは、事前に1～2時間、パスタを水につけておくこと。じつは、従来のゆで時間の多くは、パスタが浸水するための時間。あらかじめ芯まで浸水させておけば、そのぶん、ゆで時間が短くなるのです。

さらに、パスタ内部の水があっという間に熱を伝えるので、1分ゆでるだけで中まで火が通ります。加熱時間が短いので光熱費もお得。いつもの食事はもちろん、キャンプなどのアウトドア料理でも大活躍します。

番組は、これを「すいすいパスタ」（浸水パスタ）と名づけました。ナポリタンなど、しっかりした味つけのものによく合います。

1分の加熱であっという間に完成！

材料〔1人分〕

パスタ（乾麺）……………………100g
水………………1½カップ（300mℓ）

全量の栄養データ

エネルギー：379kcal　脂質：1.9g　塩分：0.0g

作り方

1 パスタを浸水させる

バットにパスタを入れ、水を注ぐ。密閉式の保存袋で浸水させてもいい。

※浸水時間の目安は、1.4㎜（1時間）、1.7㎜（1時間半）、1.9㎜（2時間）です。

※冷蔵庫なら3日間保存可能。水けをとって冷凍すれば1か月はおいしく食べられます。

2 熱湯で1分ゆでる

沸騰したお湯に入れ、再沸騰してから1分間ゆでる。

ゆで時間はかたさのお好みに合わせて加減してください。

「科学の知恵」でガッテン流は**極うま**になる！

歯ごたえを出すには、かなり強い塩分が必要

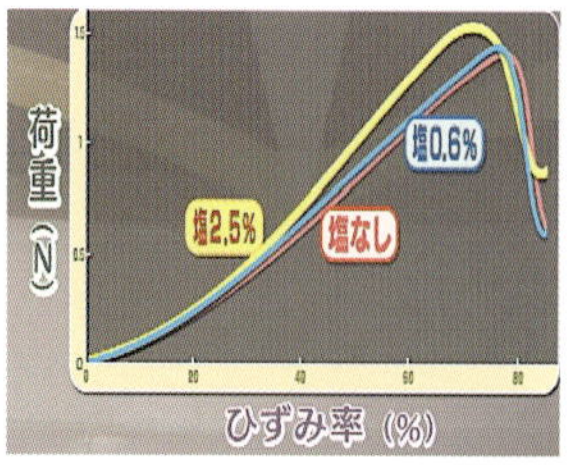

0.6%程度の塩分なら塩なしでゆでるのと、食感はほとんど変わらない。

実験協力◎明治大学農学部教授　中村 卓さん

パスタをゆでるときの塩。番組で塩あり（通常パスタをゆでるときの塩分0.6％）と塩なしでゆでて比較したところ、仕上がりにほとんど違いがありませんでした。歯ごたえがグッと変わるのは、塩分濃度が2％以上のとき。この濃度だとたしかに食感がよくなりますが、ゆでたあとお湯で洗わないと食べられません。オイルベースなど、パスタそのものの味でいただくもの以外は、塩は不要なのです。

【浸水パスタ活用例】太めの麺を使って、超もっちり！

ナポリタン

プリプリ、もちもちの食感に！

材料〔1人分〕

「すいすいパスタ」（浸水させたもの）
……………………………乾麺で100g

※1.8㎜以上の太めの麺がおすすめ。

サラダ油・オリーブ油・バター
……………………………各大さじ1

ベーコン（1㎝幅に切る）…………20g

玉ねぎ（薄切り）………小¼個（40g）

ピーマン（薄切り）…………………1個

ケチャップ……………………………60g

粉チーズ……………………………小さじ1

・1人分の栄養データ・

エネルギー：872kcal　脂質：44.2g　塩分：2.7g

作り方

1 パスタをゆでる

浸水させたパスタを熱湯に入れ、再沸騰してから1分間ゆでる。水けをしっかりきり、サラダ油とあえて冷ましておく。

2 ベーコンを炒める

フライパンにオリーブ油の半量を温め、ベーコンを炒める。

3 野菜を炒める

玉ねぎ、ピーマンを加えてしんなりしてきたら、ケチャップを入れて水分をとばす。ケチャップの色が褐色になってきたら、バターと粉チーズを加え、フライパンの端によせる。

4 麺を炒め合わせる

フライパンのあいたところに残りのオリーブ油をひく。パスタを入れて、表面を焼きつけ、歯ごたえを出す。具とパスタを炒め合わせたら完成。

あさりのうまみが麺にしっかりしみ込む

スパゲッティボンゴレソース

材料〔2人分〕

スパゲッティ（1.7㎜、9分ゆでのもの）……160g
水……2.5ℓ
塩……25g
殻つきあさり……500g
にんにく（薄切り）……½かけ
赤唐辛子……1本
オリーブ油……大さじ2
白ワイン・
エキストラバージンオリーブ油……各大さじ1
イタリアンパセリ（みじん切り）……適量

・1人分の栄養データ・
エネルギー：503kcal　脂質：19.9g　塩分：3.0g

作り方

1 中華鍋で水を沸騰させて塩を加え、スパゲッティを入れて、7分45秒間ゆでる。

※中華鍋でゆでると使用する水と塩の量が通常の半分で済み、沸騰も早い。

2 フライパンにオリーブ油とにんにくを入れ、香りが出るまでゆっくり加熱する。香りがしてきたら、赤唐辛子を手でちぎって入れる。

3 あさりと白ワインを加えてふたをする。あさりの口が開くまで加熱する。口が開いたら水60mℓ（分量外）を加える。

4 ゆでた麺を加え、ソースをからめて火を止める。このとき、ちょうどゆで始めてから9分になっているようにする。

5 器に盛り、エキストラバージンオリーブ油をかけ、イタリアンパセリを散らす。

今までのやり方

皿に盛った麺にソースをかける

ソースが麺の中までしみ込まない。

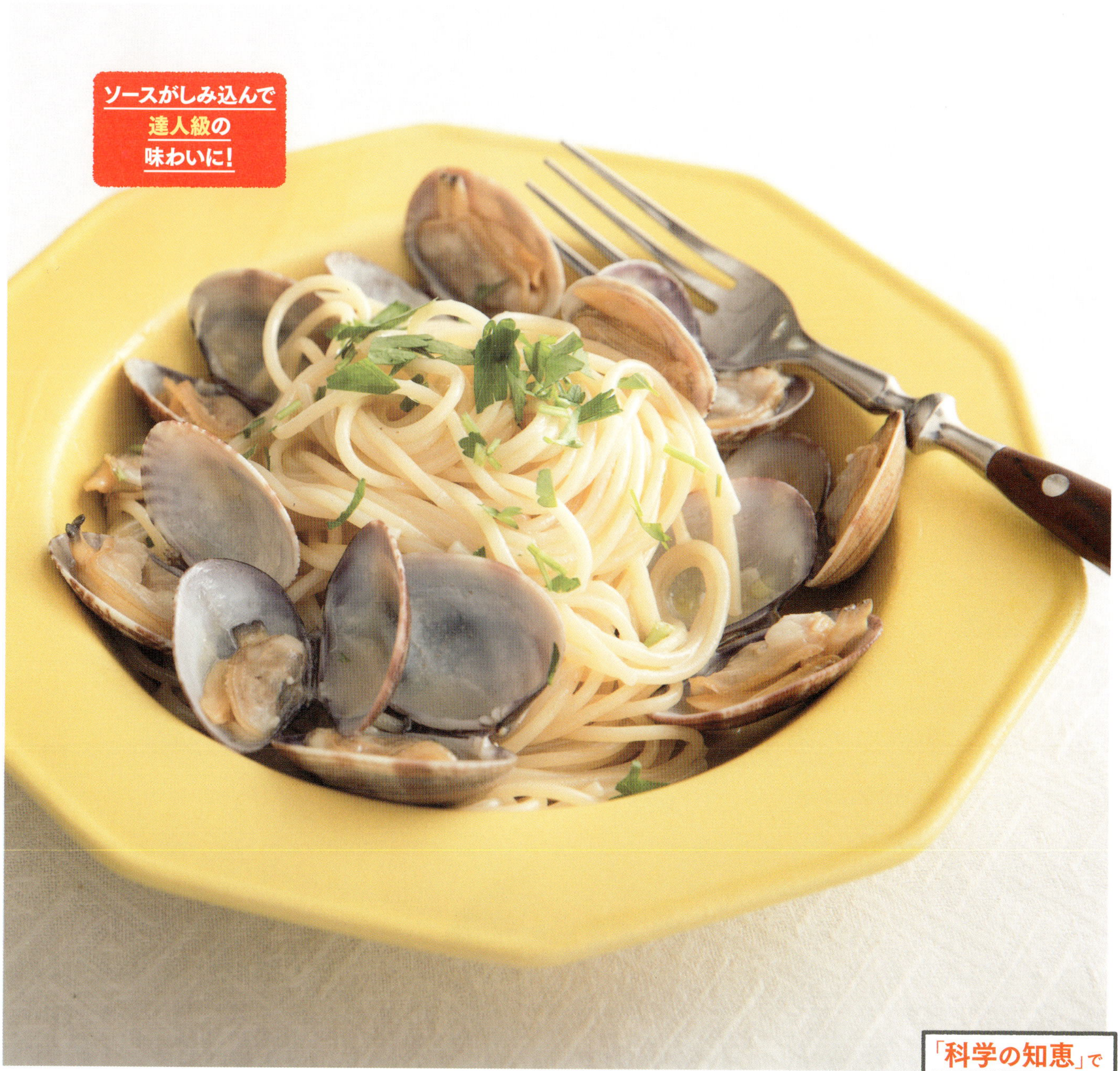

2007年10月31日放送「パスタ！おいしさ頂上大作戦」より

「科学の知恵」で
ガッテン流は極うまになる！

高温を保つことで、ソースのしみ込みアップ！

ソースとの相性を楽しむスパゲッティは、ソースのしみ込み具合がおいしさを左右します。決め手は「あえるときの温度」。スパゲッティのでんぷんは、グルテンが作る網目構造の中に閉じ込められていますが、高温になると膨張し、糊状になって動きだします。でんぷんがもっとも動く温度は98℃。この温度になると、まるで麺が口を開くようにでんぷんに隙間ができ、その中にソースがどんどん入り込んでいくのです。

そのため、ソースは「スパゲッティが熱いうちに加熱しながらあえる」のがコツ。袋に表示されているゆで時間は、ソースをあえて火を止めるまでのものと考えてください。時間を守れば、ほどよいコシが残り、ソースがしっかりしみ込んで、おいしくでき上がります。

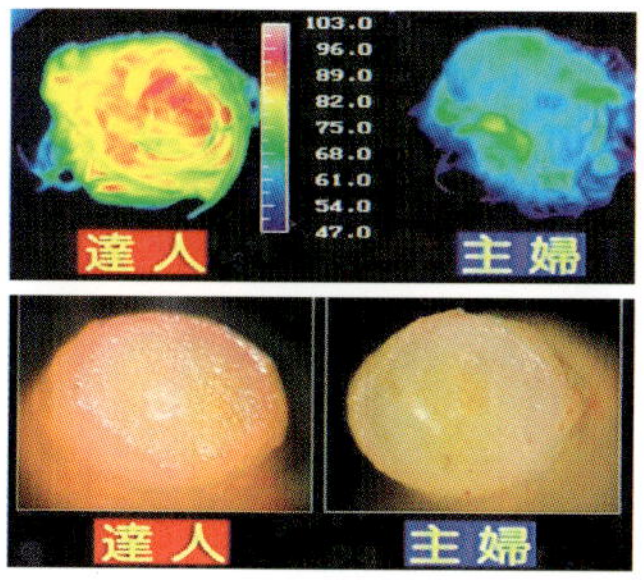

加熱しつつソースとあえた達人の麺内部の温度は96℃、皿に盛った麺にソースをかけた主婦の麺は76℃。温度が高いとソースが中までしみ込む。

生クリームのかわりに、氷エノキで！
うまみと健康効果がアップ

氷エノキで作るカルボナーラ

きのこのうまみを堪能！

材料〔2人分〕

パスタ……………………200g
氷エノキ（左囲み参照）……………150g
卵……………………1個
ベーコン（細切り）……………40g
しょうゆ……………………小さじ2
塩・こしょう……………………各適量
オリーブ油……………………大さじ1

・1人分の栄養データ・
エネルギー：567kcal　脂質：18.5g　塩分：2.6g

作り方

1 パスタを袋の表示どおりゆでる。

2 フライパンにオリーブ油を入れてベーコンを炒め、表面に軽く焼き色がついたら火を止める。

3 解凍した氷エノキを2に入れ、しょうゆと塩で味を調え、卵を割り入れて、かき混ぜる。

4 ゆで上がったパスタは湯きりをせず、箸やトングなどで3に入れて、こしょうを多めに加え、よく混ぜ、器に盛る。

今までのやり方

生クリームを入れて作る
生クリームとチーズの濃厚ソース。

氷エノキの作り方

材料〔20ブロック分〕

えのきたけ…………300g（3袋）
水……………………2カップ

作り方

1

えのきたけは根元を落として3～4等分に切る。ミキサーに入れて水を加え、30秒間ほど粉砕する。

2

鍋に移して強火で加熱する。沸騰したら弱火にして30分間ほど、焦げないようにかき混ぜながら煮込む。

3

火からおろして、粗熱をとる。製氷皿に流し入れて凍らせる。約3か月間、冷凍保存可能。

※製氷皿の容量により、できる氷エノキのブロック数は変わります。

氷エノキの簡単活用術

みそ汁に

火を止め、みそを溶いた後、1杯につき氷エノキ1ブロックを入れて溶かす。貝でだしをとったような味に。

卵焼きに

氷エノキ1～2ブロックを加熱して溶かしてから、溶き卵3個分に混ぜて焼く。卵焼きの味にコクが出る。

2011年11月9日放送「生かす！ きのこパワー13倍UP 激うま健康ワザ」より

「科学の知恵」で
ガッテン流は**極うま**になる！

余分な脂肪を吸収&うまみ成分バツグンの氷エノキ

カルボナーラといえば、生クリームと粉チーズを使った濃厚ソースが魅力ですが、高カロリーが気になるところ。じつはそうした食材を使わなくても、うまみたっぷりで、カロリーも抑えられる方法が。

それが、えのきたけを粉砕して煮込み、冷凍した「氷エノキ」を使ったカルボナーラです。きのこには、本来うまみ成分が豊富に含まれていますが、細胞壁に閉じ込められ、外に出にくい特徴があります。

これを粉砕して煮出し、さらに凍らせると細胞が壊れ、うまみのもとである核酸と、うまみを作る酵素が出合い、うまみがぐっと増えるのです。

しかもキノコキトサンという健康成分も飛び出し、脂肪の吸収を抑えてくれます。

キノコキトサンは、細胞壁の中にあり、ミキサーでの粉砕で細胞壁が壊れ、煮込むことで、外に出る。

冷凍うどんで、コシを楽しむ

もちもち ペペロンチーノ うどん

冷凍うどんとの相性抜群！

材料〔2人分〕

冷凍うどん……………………………2玉

A

- オリーブ油…………………大さじ4
- にんにく（薄切り）………………2かけ
- 赤唐辛子（種を取って小口切り）……………………………………2本

塩・粗びき黒こしょう………各適量

・1人分の栄養データ・

エネルギー：473kcal　脂質：25.1g　塩分：0.9g

作り方

1 冷凍うどんを加熱する

電子レンジまたは熱湯で、袋の記載どおり加熱する。

2 ソースを作る

フライパンにAを入れて、弱火にかける。にんにくが薄く色づいたら火を止め、余熱で火を通す。

3 ソースをかける

ここがガッテン流！

うどんを器に盛り、塩、こしょうをふり、2のソースを回しかける。

1999年1月6日放送「コシが決め手！うどんの極意」より

「科学の知恵」でガッテン流は**極うま**になる！

うどんのコシを操る！

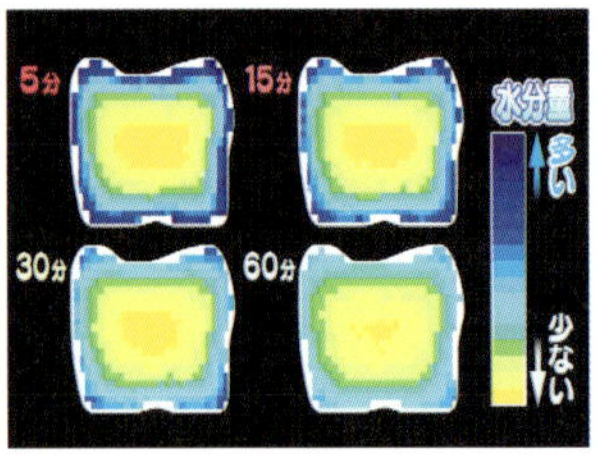

ゆでたてのうどんは、外側と内側の水分量の差が大きく強いコシがあるが、時間がたつと差が縮まる。

画像提供◎埼玉県産業技術総合センター、（独）農業・食品産業技術総合研究機構食品研究部門

うどんのコシは、ゆでてから食べるまでの「ゆでおき時間」で決まります。ゆでた直後のうどんはコシが強く、時間がたつにつれ弱くなります。

そのため冷蔵のゆでうどんは、時間がたっているのでやわらか。冷凍うどんは、ゆでた直後に急速冷凍するため、強いコシが残っています。乾燥うどんは、ゆで時間とゆでおき時間を調整できるので、お好みのコシを作れます。

熱々のうどんとからめてカルボナーラ風に

釜たまうどん

2012年5月30日放送「うどん！ 裏技・コシ技 美味技これでもかSP」より

今までのやり方

ざるにあげて水けをきる

卵をうどんの上に落とす

ともに温度が下がってしまい、釜あげのふっくら感が損なわれる。

材料〔1人分〕

うどん（乾麺）……………………… 1人分
卵………………………………………… 1個
しょうゆ・青ねぎ（小口切り）
……………………………………… 各適量

・1人分の栄養データ・ ※乾麺80gを使った数値。
エネルギー：364kcal 脂質：6.4g 塩分：2.1g

作り方

1 うどんをゆで、卵を溶く

鍋にたっぷりの湯を沸かし、うどんをゆでる。その間に、湯で温めた器に卵を割り入れ、軽く溶いておく。
※器を温めた湯は、器から出してください。

2 鍋にざるを入れて、うどんを移す

うどんの温度を下げないよう、ゆで上がる直前に鍋にざるを入れ、うどんが湯から出ない状態でざるに移す。手早く湯をきり、1に入れる。

3 うどんと卵を手早くからめる

白身が少し固まってうどんのまわりにまとわりついてくるのが目安。しょうゆとねぎを加え、熱いうちに食べる。

! やけどに注意してください。

「にぎらない」のがおいしさのカギ

強い力をかけずに究極の味に!

おにぎり

今までのやり方

ギュッ、ギュッとにぎる
空気が入らず口の中でほぐれにくい。

できるだけご飯が熱いうちににぎる
米同士が密着して食感がイマイチ……。

2007年5月16日放送「究極のおにぎり 新発想握り術」より

「科学の知恵」でガッテン流は極うまになる!

空気を入れれば、ほろっとほぐれて極上に!

おいしいおにぎりを作るコツは、ズバリ、おにぎりの中に空気を入れること。ごはんをしっかりにぎってしまうと、お米の表面が粘って飯粒どうしがくっついてしまうため、おにぎりの中に空気があまり入りません。口の中に入れてもかたまりに分かれるだけ。

ところが空気入りのおにぎりだと、飯粒が点と点で接しているため、口に入れるとすぐにバラバラになり、味わいがまったく違いました。

空気入りのおにぎりを作るには、茶碗の中ですべらせて回し、形作るのがベスト。力いらずで、中までふっくら仕上がります。

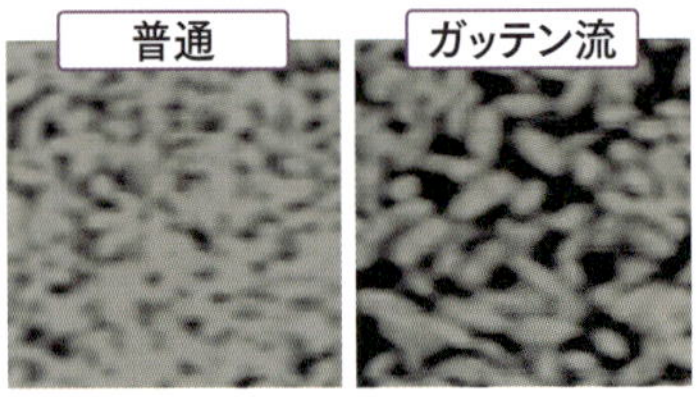

おにぎり内部の比較
普通のおにぎりは、飯粒が隙間なくぎっしりと詰まっているが、ガッテン流だと、飯粒と飯粒がほどよく離れて間に空気が含まれている。

画像提供◎医療用画像診断装置メーカー

材料〔6個分〕

米……………………………………３合

手水用の塩水

- 水……………………………½カップ
- 塩………………………………10g

・１個分の栄養データ・

エネルギー：269kcal　脂質：0.7g　塩分：0.3g

おにぎり用ご飯の作り方

1 米を軽くとぐ

力を入れず軽く洗う程度に、水をかえて３回とぐ。

2 浸水したあと、ざるにあげる

15～30分間浸水させたあと、ざるにあげて15分間おき、炊飯器へ。いつもの８割ほどの水の量で炊く。

※水の分量は米の種類、炊飯器によって違います。浸水させているので、IH炊飯器では急速炊飯コースで炊いてください。

3 炊飯後、バットに広げてほぐす

ご飯が炊けたらすぐにバットに移して、飯粒をつぶさないよう意識しながら、しゃもじでひと粒ひと粒が離れるように、よくほぐす。

うちわで30秒間あおぎ、水分をとばして表面の粘りけを少なくする。

※手でさわれる温度になったらおにぎりを作ります。温度が下がりすぎると作りにくくなります。

おにぎりのにぎり方

1 茶碗に塩水をぬる

塩と水を混ぜて手水用の塩水を作り、ご飯茶碗の内側全体に薄くぬる。

2 ご飯を茶碗に入れて、ほぐす

ひとにぎり分のご飯を、飯粒をつぶさないよう少しずつ手でほぐしながら入れる。ダマになっている部分は、ていねいに指先でほぐす。

3 茶碗の中でご飯を回転させる

回しやすくするため、茶碗の端のご飯を指の腹で軽く押す。圧力をかけないよう指の腹でご飯を押さえて、茶碗の中で回転させる。このとき、ご飯が回転しにくい場合は茶碗のまわりに手水用の塩水を少しつける。

自然に形が整ったら、上下をひっくり返して同じように回転させる。

＼アドバイス／

具入りおにぎりのときは…

おにぎりのにぎり方２の上に具を広めに置き、ほぐしたごはんをかぶせ、あとは同じ手順。具がはみ出ないようまわりのご飯を盛ると作りやすい。

ご飯

時間がたってもおいしい！

おかゆ

意外な調理法で老舗料亭の味わいに！

材料〔4人分〕

米	1合
水	1ℓ
さし湯	½カップ

・1人分の栄養データ・

エネルギー：134kcal　脂質：0.3g　塩分：0.0g

作り方

1 米をとぎ、ざるにあげて20分おく

2 水を沸騰させ、米を入れる

鍋に水を入れて強火にかけ、しっかりと沸騰したら米を入れて2～3回、やさしく混ぜる。

3 時々混ぜながら、3分煮る

米が鍋の中で片寄ってきたら混ぜる。

※一度に混ぜるのは2～3回。

※かき混ぜすぎると粘りが出るので注意してください。

※3分間たつ前に吹きこぼれそうになったら火を少し弱めます。

4 中火にして、8分煮る

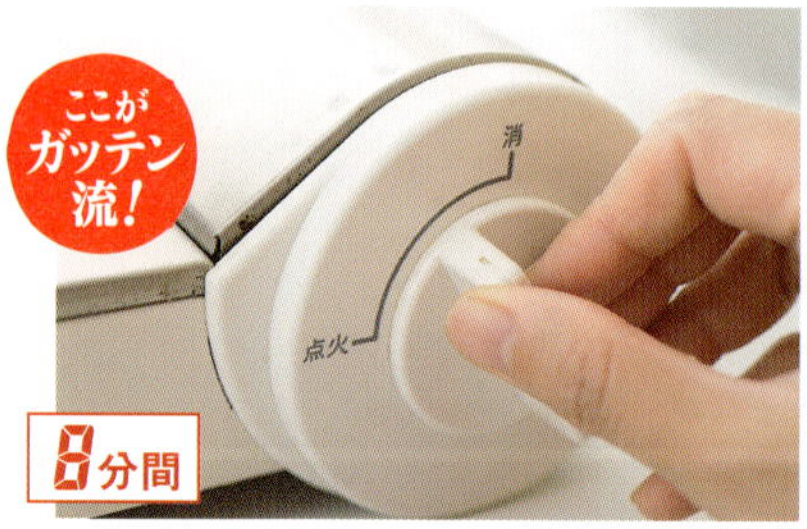

3分間たったら中火にし、さらに8分間煮る。この後も、米が片寄ってきたら2～3回混ぜる。

※とろみが出てきたら、鍋肌や鍋底をなでるようにしゃもじを動かし、米が焦げつかないようにします。

※米粒をつぶさないように注意してください。

5 さし湯を入れて混ぜ、4分煮る

3、4で合計11分間煮たら、さし湯を入れてやさしく混ぜ、4分間煮る。

6 鍋肌をなでるように混ぜる

米を入れて15分後、鍋肌に米がくっつかないように、しゃもじで鍋肌をなでるようにしてやさしく混ぜ、火を消す。

7 ふたをして3～5分蒸らす

ふたをして3～5分間蒸らし、器に盛り、お好みで青み（分量外）を散らす。

※とろみ具合を調整する場合はお湯を足します。

※米がかたいと感じる場合は蒸らし時間を増やしてください。

※粘りの少ない米で炊いたほうがおいしく仕上がります。

今までのやり方

水から煮る

ベタついた仕上がりに。

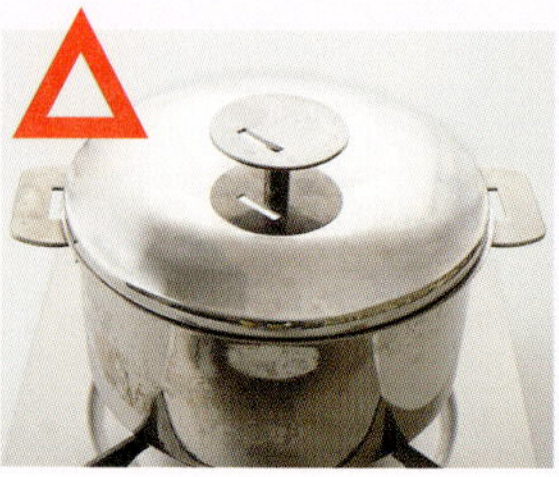

ふたをしたまま、混ぜない

時間がたつとベタベタに。

2011年7月20日放送「門外不出！ 料亭おかゆ 秘技・奥義一挙大公開」より

「科学の知恵」で
ガッテン流は極うまになる！

「熱湯に米を入れる」が達人流！

一般的におかゆは、水に米を入れて炊くのが常識。ところがこれは大きな誤解。達人のおかゆは、仕上がりとともに、時間がたったときにその差が際立ちました。

違いは、でんぷんによる「粘度」。一般的なおかゆは、時間がたつと、米から流出したでんぷんがどんどんと水分を吸うため、粘りが出て、ベタベタに。一方、熱湯に米を入れてかき混ぜながら作った達人のおかゆは、時間がたってもほとんど変化なし。ほどよいとろみのまま、おいしいおかゆが楽しめます。

おかゆの粘度

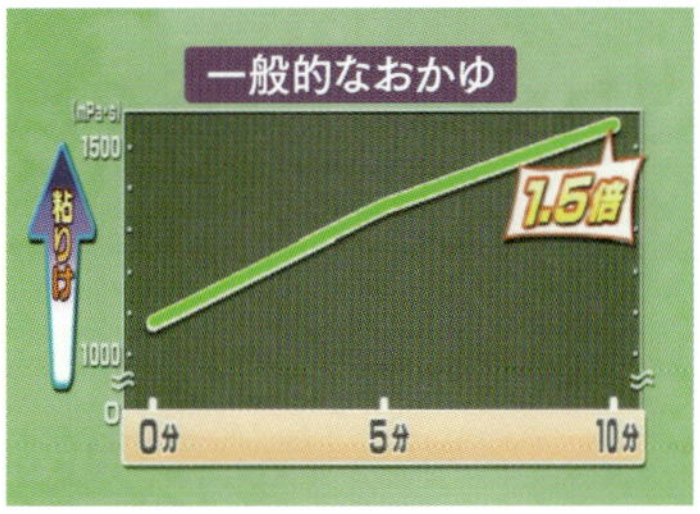

一般的なおかゆは、10分たっただけで、粘度が1.5倍に。一方、達人のおかゆの粘度は、10分後もほぼ変わらなかった。

達人のおかゆ

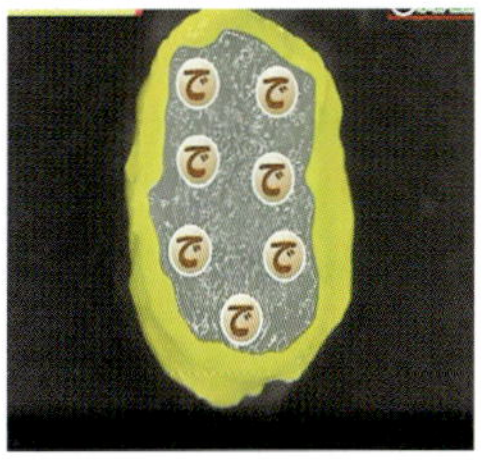

熱湯に米を入れると、一気に糊化した外側のでんぷんが壁となり、内側のでんぷんが出にくくなる。

 測定・映像提供◎でんぷんメーカー研究所

酢飯に砂糖は入れない!

いなりずし

材料〔12個分〕

油揚げ（薄いものがおすすめ）……… 6枚

A

砂糖	大さじ5
しょうゆ	大さじ3
水	1½カップ

酢飯

炊きたてのご飯	2合分
米酢	75mℓ
塩	4g

・1個分の栄養データ・

エネルギー：122kcal　脂質：3.3g　塩分：0.7g

今までのやり方

酢飯に砂糖を入れる

甘みが強めの仕上がりに。

油揚げは、ほどよく味つけ

時間がたつと、酸味が強めになる。

作り方

1 油揚げは油抜きをし、袋に開く

油揚げを湯に3分間つけ、油抜きをする。水けをきり、半分に切って袋に開く。

2 汁けがなくなるまで煮る

鍋に**A**を煮立たせ、油揚げを入れる。落としぶたをして汁けがなくなるまで中強火で煮て、冷ます。

3 酢飯を作る

ボウルにご飯を入れ、酢に塩を入れたものを混ぜ合わせる。

※酢飯に砂糖を入れると味がぼやけます。

4 2に3を詰める

※3を12等分して詰めてください。

薄味の油揚げと濃い酢飯が特徴

ガッテン流

関西風いなり

・1個分の栄養データ・

エネルギー：134kcal　脂質：4.4g　塩分：0.7g

材料（3個分）と作り方

❶右と同様に、煮た油揚げ3個分と酢飯を茶碗1杯分作る。

❷酢飯を入れたボウルの上で、煮た油揚げを絞り、煮汁を酢飯に回しかけ、濃い酢飯が特徴の関西風にする。白いりごま小さじ2をふりかけ、さっくりと混ぜる。

❸②を3等分し、油揚げに詰める。

意外な調味料で酸味を演出

ガッテン流

新江戸風いなり

・1個分の栄養データ・

エネルギー：138kcal　脂質：10.0g　塩分：1.2g

材料（3個分）と作り方

❶右と同様に、煮た油揚げ3個分を作る。

❷おから70gを、中火で熱したフライパンでしっかりいる。

❸マヨネーズ・ヨーグルト各大さじ2と塩小さじ¼をよく混ぜ合わせ、おからと混ぜる。

❹③を3等分し、油揚げに詰める。

時間がたっても
おいしい
絶妙の味加減！

2008年9月17日放送「非常識？ いなりずしを激ウマに変える裏ワザ」より

「科学の知恵」で
ガッテン流は**極うま**になる！

砂糖を入れるのは油揚げだけ！

油揚げと酢飯それぞれの味のバランスを調えたガッテン流のいなり。「甘み」と「酸味」、「塩味」と「酸味」は、互いに打ち消し合う味の抑制効果が働きます。油揚げと酢飯の両方に砂糖を入れると、双方の甘みだけが強く残ってしまい、ぼやっとした味に。これを避けるために、酢飯には砂糖を入れません。

また、時間とともに変化するいなりずしの味ですが、油揚げを甘くしっかり煮ておくと、時間がたって酢飯の酸味が油揚げに移っても、全体の味が変わりにくくなります。

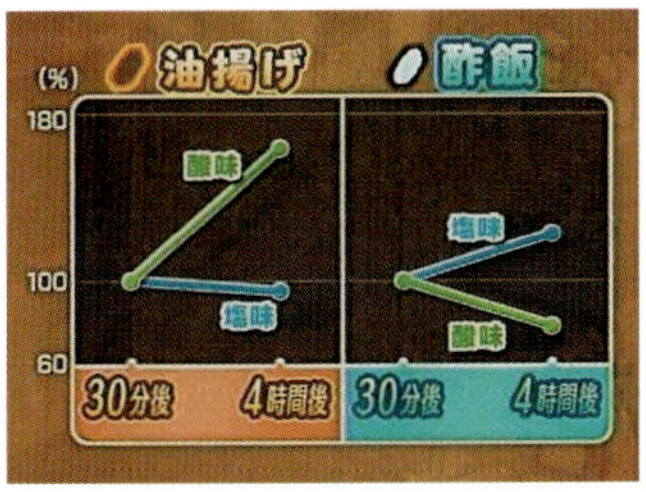

味の変わるいなり

時間経過とともに、酢飯の酸味が油揚げに移るため、油揚げが酸っぱく、酢飯の塩味が強く感じられるようになって、味が変化する。

ガッテン流のいなり

油揚げを甘く煮ておけば、時間がたって酢飯の酸味が油揚げに移っても甘みが勝つので、全体の味も変化しにくい。

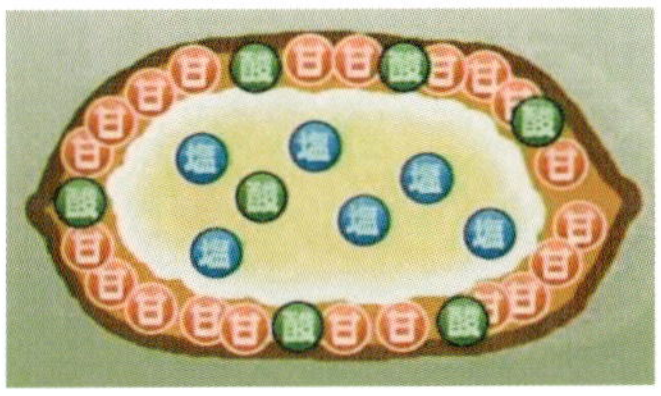

　実験協力◎味香り戦略研究所

"ボウル＆あおがない"で、職人の酢めしに！

手巻きずし

同じ
調理時間で
絶品の味に！

材料〔4人分〕

米……………………4合
合わせ酢
- 酢……………大さじ4⅔（70mℓ）
- 砂糖……………………40g
- 塩………………………20g
- 昆布……………………10cm角

まぐろ中おちたたき・
　いくら・サンチュ…………各適量
のり・わさび………………各適量

2000年10月18日放送「知らなきゃ損する！ 手巻き寿司の法則」より

・1個分の栄養データ・
エネルギー：203kcal　脂質：6.7g　塩分：1.2g

作り方

1 ご飯を炊く。炊いたあとに加える酢の分量を引いた水の量で炊く。酢めし用の目盛りがある場合は、それに合わせる。

2 小鍋に酢と砂糖、塩を入れ、火にかけて溶かし、合わせ酢を作る。火を止めて、昆布を入れて30分間ほどおく。

3 ボウルに炊きたてのご飯を入れ、合わせ酢を回し入れ、切るように混ぜる。ご飯は炊きたて10分以内が目安。

アツアツのご飯に酢を合わせる。ボウルを使うと温度が下がりにくく、酢がよくなじむ。

4 切るように混ぜ終わったら、平皿や飯台に広げて、うちわで1分間ほどあおぎ、そのあとは20分間ほど自然に冷ます。

平らにした状態で冷まさないと、余分な水分が残りベタベタ食感の原因に。

5 ½に切ったのりに、にぎり2個分のご飯を斜めにのせる。中央に溝を作って、わさびを入れ、ネタをのせる。左下の角を上の辺に合わせて巻いていく。

今までのやり方

うちわであおぎながら酢を混ぜる

ご飯が冷め、酢がしっかりしみ込まない。

普通の水加減でご飯を炊く

ベタベタして、口の中で一粒一粒がほぐれない。

「ちょい古」卵だからラク～にふわふわ

卵かけご飯

白身のふわっふわを堪能!

今までのやり方

溶いた卵をご飯にかける
味つけや混ぜ方は千差万別。

2016年5月18日放送「卵料理の新世界! ふわふわプリプリ自由自在」より

「科学の知恵」で ガッテン流は**極うま**になる!

古い卵は、簡単にきめ細かい泡を立てられる!

専門家によると、卵は菌に強く、常温で2か月、冷蔵なら4か月ももつのだそう。市販の賞味期限が約2～3週間なのは、約3万個に1個というまれな確率で、卵にサルモネラ菌がいることがあるため。たとえ菌入りでも、生で安心して食べられる期間を賞味期限に設定しているのです。

また、じつは古い卵のほうが白身に弾力があり、新しい卵白よりも空気を取り込みやすく、簡単にクリーミーに泡立てられます。そのためお菓子作りで古い卵が重宝されたり、あえて2週間から1か月寝かせた卵を使う料理家も。

当レシピで作る場合、新鮮な卵は泡立てに時間がかかることもあり、賞味期限内ぎりぎりの卵がおすすめです。

材料〔1人分〕

古い卵（必ず賞味期限内のものを）… 1個
ご飯…………………………………… 1杯
しょうゆ（お好みで）………………… 適量

・1人分の栄養データ・
エネルギー：332kcal　脂質：5.9g　塩分：0.2g

作り方

1 卵黄と卵白を分ける。

2 ご飯のくぼみを作り、卵白だけ入れる。

3 卵白をすばやくかき混ぜながら、少しずつまわりのご飯を卵白に混ぜ込んでいく（30秒～1分程度）。

最初は卵白を中心にかき混ぜ、だんだんご飯を混ぜ込んでいく。

4 ご飯と卵白が混ざり合いふわふわになったら、卵黄をのせ、お好みでしょうゆをかける。

市販の「パックもち」があっという間につきたてに！

つきたてもち

つきたてもちのコシとのびを再現！

材料〔2人分〕

パックもち……………………………適量

※厚さ16㎜以下のおもちを室温20℃以上で使用するのがおすすめ。

油………………………………………少々

湯（80℃以上）………………大さじ1

※火力やフライパンの種類、おもちの大きさによって加熱や余熱時間を調節してください。保温性の低いフライパンだと、つきたてもちを再現できない場合があります。

・1個分の栄養データ・

エネルギー：126kcal　脂質：1.3g　塩分：0.0g

作り方

1 予熱1分

フライパンにごく薄く油をひき、強火で1分間予熱。

2 もちと湯を入れて蒸し焼き30秒

ここがガッテン流！

パックもちの熱する面に水少々（分量外）をつけてフライパンに入れ、湯を加え、すぐふたをし、30秒加熱。

水蒸気が充満した“蒸し焼き”にすることで、水分を逃さない。

3 火を止めて余熱7分

ここがガッテン流！

火を止め、ふたをしたまま余熱で約7分間蒸らす。水蒸気が逃げるので、ふたは途中で開けないこと。

余熱でじっくり火を通すことで、急な温度上昇で空気が逃げるのを防ぐ。

4 完成！

表面につやがあり、つきたて同様のコシとのびのあるもちが完成。

※冷蔵庫に入れておいたパックもちは、あらかじめ冷蔵庫から出しておき、一度常温に戻してから使用するのがおすすめです。

※レシピの「大さじ1の湯」は、おもちの数に合わせて増やす必要はありません。加えるお湯はあくまでも、フライパンの中に水蒸気を充満させるためのもの。もちの中に吸収させるためのものではないので、もちが2個でも3個でも大さじ1でOKです。

のど詰まりを防いで安全に

ガッテン！新知識

　おもちをのどに詰まらせる事故の要因には、おもちの特性以外に、飲み込めそうだという無意識の誤解があると考えられます。

　食べ物を飲み込むときは、細かくかみ砕いて、唾液と一緒にかたまりにして飲み込みます。その点おもちは、かみ砕けないし、もともとかたまりのため、飲み込みやすそうに感じ、脳が「もういいだろう」と勘違いして、大きなまま飲み込んでしまうのです。それを防ぐには、

・薄く切って食べる
・少しずつ食べる
・十分かむ
・口の中を湿らせる
・おしゃべりをしながら食べない

この5つを心がけてください。

今までのやり方

オーブントースターで焼く

香ばしい香りが食欲を誘う人気者。

2009年12月16日放送「つきたてに変身！ パックもちで至福の正月を」より

「科学の知恵」でガッテン流は極うまになる！

「蒸し焼き」でつきたてもちの食感を復活！

番組では、パックもちでつきたてもちを再現しようと、2つの違いを調べたところ、パックもちは臼と杵《きね》で作るおもちと、作り方も材料もまったく同じ！　また、含まれる水分量も空気の量も一緒でした。では、その違いはというと、パックもちは、パックに入れる際、つきたての状態を瞬間冷却するため、でんぷんの構造に変化が生まれ、食感が変わってしまうのです。

そこで、つきたてもちに戻すためにパックもちの水分と空気に影響を与えずに加熱する方法を考案。それがフライパンのふた、そして大さじ1杯のお湯を使った〝蒸し焼き〟ワザ。水蒸気が充満した中での加熱により水分が逃げず、また余熱でじっくり火を通すことで、急な温度上昇で空気が逃げるのも防げるのです。

番組特製、おもちのコシとのびの強さをはかる“獅子舞くん”。ガッテン流のおもちは、つきたてをしのぐ「コシ」と「のび」の強さを実現！

もち

表面サックサク、中はふわっふわ
トースト

高級トースターで焼いたような極上の味に！

材料〔作りやすい分量〕

食パン（スライスされたもの）………適量

・1枚分の栄養データ・　※6枚切りの場合。

エネルギー：158kcal　脂質：2.6g　塩分：0.8g

作り方

1 パンの耳を切り落とす

4か所すべてのパンの耳を切り、本体と分ける。

切り離して加熱することで、熱が通りやすくなる。

2 オーブントースターを予熱しておく

3 1分半ほど加熱する

切り分けたパンの耳と本体を一緒にオーブントースターに並べ入れ、約1分半、きつね色になるまで焼く。

4 表面の焼き色を見ながらお好みで調整する

機種によって、焼き上がるまでの時間が異なるため、焼き色を見ながら、お好みの焼け具合に調整する。

今までのやり方

オーブントースターにそのまま入れて焼く

焼き加減によっては、焼けすぎてパサパサになることも。

ガッテン！新知識

食パンの保存法

焼きたてをそのまま売っているパン屋さんの食パンは、製法上、味の劣化が早めという弱点があります。そこでおすすめなのが、その日に食べる分以外は、お好みの厚さに切り、1枚ずつ保存袋に入れて、冷凍庫に保存すること。保存袋を二重にすると、パンに霜がつくのを防げます。また厚切りの場合は、表面に格子状の切れ目をいれてから冷凍すると、生焼けが防げます。もちろん、スーパーなどの食パンでも使える方法です。

2016年4月13日放送「ガッテン！ 春のトースト祭り」より

「科学の知恵」で
ガッテン流は**極うま**になる！

高級トースターにひけをとらない“サクふわ感”

トーストの魅力はなんといっても、外がサックリ、中がふんわりとした食感です。この食感に仕上げるためのポイントは、「加熱時間」。パンには40％ほどの水分が含まれていますが、加熱時間が長くなるにつれて、徐々に水分が失われ、パサついた食感に。

サクふわ食感を作るには、この加熱時間をできるだけ短くすることが大切。ところが、現在主流のトースターは、庫内が広く、パンと熱源との距離が遠いため、加熱時間が長くなりがち。そこでおすすめなのが、パンの耳と本体を切り分けて加熱すること。パンの耳は密度が高く熱を吸収するため、全体が加熱されるのを妨げます。分けて加熱すれば、それぞれ短時間で熱が伝わるので、まるで高級トースターで焼いたときのような、理想の食感に仕上がるのです。

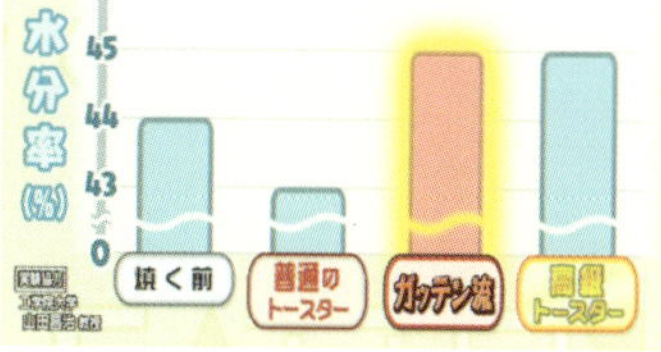

耳を切って焼くガッテン流は、高級トースターと同じ水分量の、サクふわトーストに。

実験協力◎工学院大学教授　山田昌治さん

タイプによって調理器具を使い分け！

For special day 特別な日に！ premium

家庭にある調理器具の「熱」の特性を活用！

ピザ

サクッともちもち

ナポリピザ

魚焼きグリルで 3分30秒

ふんわり

アメリカンピザ

オーブンで 10分

パリッ

ローマピザ

フライパンで 8分

2003年11月12日放送「アツアツ！ 本格ピザを我が家で作る」より

「科学の知恵」で ガッテン流は**極うま**になる！

家にある調理器具で、本格的なピザが焼ける！

パスタと並んで、日本でもすっかりおなじみで人気のピザ。とはいえ、専用の調理器具や特別なワザがないと、本格的なピザを家庭で焼くなんてとても無理だと思っていませんか？

ひと口にピザといっても、生地のタイプによって何種類かに分かれます。

代表的なのは、外縁が厚く内側が薄い、サクッともちもちのナポリピザ、生地がふんわりと厚くてボリュームのあるアメリカンピザ、極薄生地のパリッとしたローマピザの3種類。

こうした微妙な違いを家で焼き分けるなんて難しいと思いきや、じつはすべて同じピザ生地を使い、家にある3つの調理器具の特性を利用すれば、それぞれおいしく焼けることがわかりました。

ピザ職人も太鼓判の、本場にも負けないピザ、その秘密とコツを、ご紹介します！

共通のピザ生地の作り方

材料〔作りやすい分量〕

強力粉……300ｇ
ドライイースト……小さじ２
塩……小さじ½
ぬるま湯（夏場は水でも可）
……１～1¼カップ（200～250mℓ）

・全量の栄養データ・
エネルギー：1120kcal　脂質：5.0g　塩分：3.0g

※上記材料で作れる目安：ナポリピザなら３枚弱、アメリカンピザなら２枚、ローマピザなら５枚。

作り方

1 水分を加えつつ、粉を練る

ボウルに強力粉を入れ、さらにドライイーストと塩を離して入れ、ぬるま湯を少しずつ加えながら練る。

2 ひとまとまりになるまで練る

やわらかいと感じるまでぬるま湯を入れ、ひとまとまりになるまで練る。

3 2倍程度になるまで発酵させる

ラップをかぶせて、２倍程度の大きさになるまで常温で１時間以上発酵させる（写真は発酵後）。

4 作るピザのサイズに分ける

ナポリピザ	１枚 150g
アメリカンピザ	１枚 250g
ローマピザ	１枚 100g

5 さらに20～30分発酵させる

丸めてボウルに入れ、ラップをかぶせてさらに発酵させる。その後、それぞれのピザに使う。

＼アドバイス／

生地づくりのコツ

- やわらかすぎて生地がまとまりにくいときは、手に粉をつけると練りやすくなります。
- 生地がかたいと発酵しにくいので、様子を見ながら少しずつ水を足して練ってください。
- 練った生地を２の状態でラップをかぶせ、冷蔵庫に入れて低温発酵させることもできます。その場合は冷蔵庫で一晩おいてから切り分けて、それぞれのピザを作ってください。その場合、５は必要ありません。

今までのやり方

どんなピザでもオーブンで焼く

同じ仕上がりの生地になり、特徴が出にくい。

ピザ

For special day
特別な日に!
premium

「放射熱」と「対流熱」でサクッともちもち

魚焼きグリルでナポリピザ

材料〔1枚分〕

ピザ生地	150g
トマト水煮	65g
※湯むきしたトマトを適当な大きさに切り、ひたひたのお湯で煮詰めたもの。	
塩	少々
モッツァレラチーズ（薄切り）	60g
粉チーズ	10g
オリーブ油・バジル（生）	各適量

・1枚分の栄養データ・

エネルギー：674kcal　脂質：28.7g　塩分：1.9g

2003年11月12日放送「アツアツ！ 本格ピザを我が家で作る」より

作り方

1 生地をのばす

打ち粉（分量外の強力粉を薄く広げる）をした板に生地を置き、中央からふちに向かい直径約18cmにのばす。ふちはつぶさず、中央部分は厚さを2～3mmに。

2 具をのせる

トマト水煮は、ざるで水分を軽くきって細かく切って塩を入れ、生地に塗り広げる。モッツァレラチーズをのせて粉チーズをふりかけ、オリーブ油をたらす。

3 グリルで焼く

２分間予熱した両面焼きの魚焼きグリルの中にピザを入れ、３分30秒間焼く。

※片面焼きグリルの場合、予熱は５分間。1の生地だけの状態で、裏側を１分間焼いて取り出し、2のように具をのせて表側を３分間焼いてください。

熱いので、やけどに十分注意してください。

4 バジルをのせて、でき上がり

トマトがグツグツ煮えてふちにこげ目がついたら、器に取り出し、最後にバジルをのせてでき上がり。

「科学の知恵」でガッテン流は極うまになる!

石窯の放射熱と対流熱を魚焼きグリルで再現!

表面はサクッとしていながら、噛むともちもちした独特の食感で人気のナポリピザは、高温の石窯でスピーディに焼き上げます。石窯の壁から出る高温の「放射熱」と、石窯内で起こるやや低めの「対流熱」のダブル加熱が特徴。家庭でこの焼き方を再現できる調理器具は、魚焼きグリルです。石釜と同じような加熱ができるので、生地内部の水分を、しっかりと閉じ込めます。

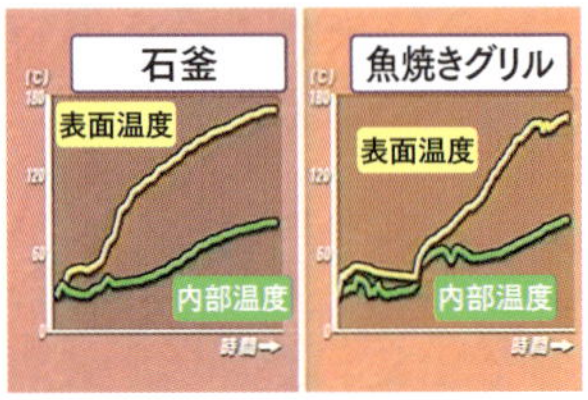

どちらも、高温の放射熱でピザ表面を急速にこんがり焼き上げ、低めの対流熱で生地内部をゆっくりと加熱していく。

「伝導熱」もプラスして厚い生地を焼く

For special day 特別な日に! premium

オーブンで アメリカンピザ

2003年11月12日放送「アツアツ! 本格ピザを我が家で作る」より

材料〔1枚分〕

ピザ生地……………………………250g
トマト水煮…………………………65g
塩……………………………………少々
ほうれん草（軽くゆでて3cm長さに切る）
……………………2株（45g）

A
- ホールコーン……………………30g
- ミニトマト（4等分）……………3個
- にんにく（薄切り）……………4かけ

ピザ用チーズ………………………70g

・1枚分の栄養データ・

エネルギー：887kcal　脂質：21.8g　塩分：4.0g

作り方

1 生地をのばす

打ち粉をした板に生地を置き、全体をのばす。直径18cm、全体に厚さ1cm程度にする。

2 具をのせる

トマト水煮は、ざるで水分を軽くきって細かく切り、塩を入れて、生地に塗り広げる。ほうれん草、**A**をのせて、ピザ用チーズを散らす。

3 オーブンで焼く

オーブンに天板を入れ、250℃で予熱。予熱が終わったら、天板を取り出してピザをのせ、オーブンに入れて10分間焼く。

熱いので、やけどに十分注意してください。

「科学の知恵」でガッテン流は**極うま**になる!

天板ごと予熱して「伝導熱」を発生させる!

パンのようにふっくらした生地で食べごたえのあるアメリカンピザを、家庭用オーブンで上手に焼き上げるコツは、予熱の仕方。オーブンは、中を熱くする「対流熱」だけで加熱するしくみですが、これだけだと、火の通りの早い具やチーズだけが焼き上がり、生地は生焼けという失敗を起こしがち。でも天板を入れて予熱をすれば、天板からの「伝導熱」で、具も生地もムラなく焼き上がります。

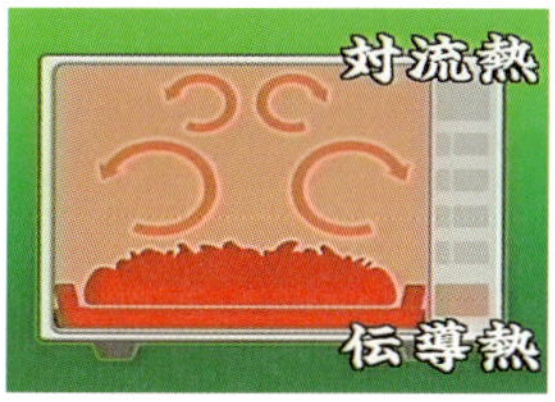

本来の対流熱だけでなく、予熱した天板からの伝導熱を加えることで、厚い生地と具が同時に焼き上がる。

ピザ

特別な日に!

For special day

premium

極薄生地と具にほどよく火を通す

フライパンでローマピザ

2003年11月12日放送「アツアツ! 本格ピザを我が家で作る」より

材料〔1枚分〕

ピザ生地……100g
トマト水煮……65g
塩……少々
A
- 好みの魚介類（食べやすく切り、塩・こしょう・酢・イタリアンバジルのマリネ液に一晩つける）……60g
- マッシュルーム（薄切り）……1個
- モッツァレラチーズ（薄切り）……60g

粉チーズ……10g
卵（お好みで）……1個

・1枚分の栄養データ・
エネルギー：578kcal　脂質：21.9g　塩分：2.9g

作り方

1 生地をのばす

打ち粉をした板に生地を置き、麺棒で全体をのばす。直径20㎝程度、全体に厚さ2～3㎜にする。

2 具をのせる

フライパンに生地をのせたら、ざるで水分を軽くきって細かく切り、塩を入れたトマト水煮を広げる。**A**をのせ、粉チーズをかける。最後にお好みで卵を割って中央にのせる。

3 フライパンで焼く

ふたをして弱火で焼く。8分間焼き、火を止めてそのまま1分間蒸らす。
卵をのせない場合は、蒸らしません。

「科学の知恵」でガッテン流は**極うま**になる!

極薄の生地はフライパンでパリッと仕上がる

生地が厚いと、フライパンの熱がチーズに伝わって溶ける頃には生地が焦げてしまうが、極薄生地なら同時に完成。

実験協力◎ガス会社「食」情報センター

極薄の生地とパリッとした歯ごたえがたまらないローマピザは、フライパンさえあれば失敗なく焼き上がります。生地がとても薄くて火の通りが早いからこそ、フライパン1つでOK。フライパンに直接生地と具をのせて、予熱ゼロの状態でスタート。弱火で加熱し、ゆっくりじっくり低めの温度で熱を伝えることで、具と生地に熱が同時にほどよく伝わるのです。口当たりも軽く仕上がります。

第6章

甘み、うまみ、コク、食感、香りを
生かしきり、ラク〜に極うま！

鍋物・汁物

「おろしたてをすぐ加熱」が、甘みを楽しむコツ

みぞれ豚しゃぶ

すばやく作って極上の味に！

材料〔4人分〕

豚ばら肉（しゃぶしゃぶ用）……400g
大根……1本
水……2カップ
長ねぎ（薄い小口切り）……1本
みかんポン酢（合わせておく）
- みかん……正味120g
- しょうゆ……120mℓ
- 酢（穀物酢）……80mℓ
- ごま油……大さじ1

・1人分の栄養データ・
エネルギー：515kcal　脂質：38.7g　塩分：5.1g

作り方

1 土鍋に水を入れ、中火にかける

2 沸かしている間に大根をおろす

3 沸騰したらおろしたての大根をすぐ加える

おろしたての大根を加熱すると、臭みが抑えられ、甘みが増す。おろしたらすぐに加えること。

4 再び煮立ったらねぎを入れる

5 豚肉を入れて火を通す

お好みの煮え具合になったら、豚肉を入れて火を通し、豚肉で大根おろしとねぎをくるみ、みかんポン酢（下囲み参照）をつけていただく。

鍋のしめは、水適量を入れてしょうゆ、こしょうで調味し、ゆがいたそばやうどんを入れるのがおすすめ。

みかんポン酢の作り方

作り方

❶薄皮をむいたみかんを粗みじん切りにする。

❷みかん、しょうゆ、酢、ごま油を混ぜ合わせる。

みかん以外に、りんごやラ・フランス（西洋なし）をみじん切りにして加えてもおいしい。

今までのやり方

大根はあらかじめおろしておく
大根の臭みが強く出てしまう。

2009年1月14日放送「大根おろしで食卓革命！」より

「科学の知恵」で
ガッテン流は極うまになる！

甘みを増やし、臭みを抑える！

大根の辛み成分は、皮の部分に集中しています。そのため皮ごとおろせば辛みがあり、皮を厚くむいておろせば甘くなります。大根は、「外が辛く、内が甘い」のです。

大根おろしの味は、時間や温度によっても変化します。

辛みや臭みは時間とともに増す一方、甘みを作る酵素は、加熱で活性化し、臭みを作る酵素は熱で働かなくなる特徴が。そのため、大根の甘みを楽しむみぞれ鍋は、「おろしたてをすぐ加熱」がコツです。

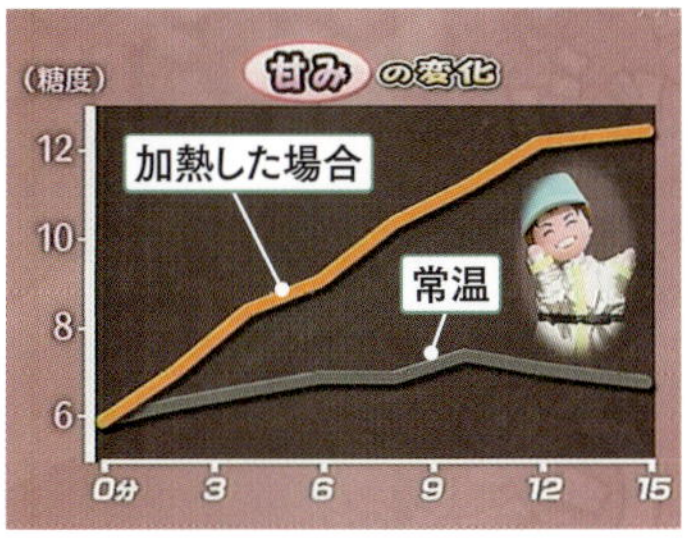

甘みを作る酵素は、常温だとあまり変化がないが、加熱すると活発になり、甘みが増す。

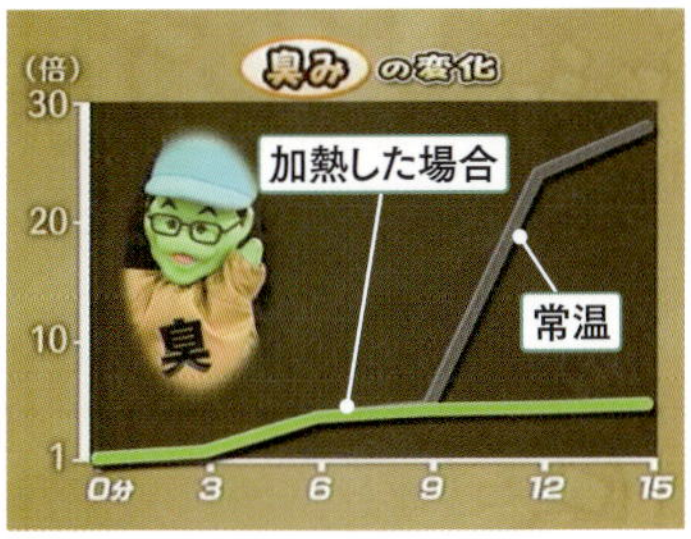

大根の臭みを作る酵素は、常温だと時間とともに増えるが、熱に弱いため加熱すると臭みは出ない。

※大根の甘みと辛みについては、187ページでも紹介しています。

実験協力◎宇都宮大学農学部教授　宇田 靖さん

専門店に負けないホロホロ肉を手羽先のだしで実現！

博多風水炊き

ひと手間かけて専門店の味に！

材料〔4人分〕

手羽先……8本（600g）
鶏もも肉……2枚（600g）
キャベツ……⅕個（280g）
しめじ……1パック
えのきたけ……1パック
豆腐……1丁
万能ねぎ（みじん切り）……1½本
塩……適量
水……適量（7½カップが目安）
お好みで手作りポン酢
（かぼす3個、グレープフルーツ½個、酢・濃口しょうゆ・薄口しょうゆ各½カップを混ぜたもの）

・1人分の栄養データ・
エネルギー：642kcal　脂質：39.4g　塩分：9.6g

作り方

1 手羽先、もも肉の順に煮る

土鍋に水を入れて沸騰させ、手羽先を入れる。

土鍋の大きさによって水の量は変わります。大きい鍋の場合はだしとなる手羽先の量も増やしてください。

ふたをして30分間煮込む。ときどきふたを開けてアクをしっかりとる。

ふたの穴からの水分の蒸発が激しくなりすぎないように火加減を調節し、水分が足りなくなったら適宜足すこと。

もも肉を入れてふたをし、ときどきアクをとりながら、30分間煮込む。

時間があるときは、手羽先を入れてから1時間がたったあと、火を消して30分間おいておくと余熱効果で肉がよりやわらかに。加熱しながら煮込みすぎると鶏の臭みが出ることがあるので注意。

2 堪能する

まず、スープをいただく。器にねぎと塩を入れて、スープを注ぐ。

次にホロホロになった手羽先やもも肉を、ポン酢につけて食べる。

お好みの大きさに切った野菜や豆腐を食べる分だけ適宜加えて、肉とともにいただく。

今までのやり方

昆布でだしをとる
だしは出るがコクが出にくく、また鶏肉の身がやわらかくならない。

肉を煮て野菜を入れる
温度が下がり、鶏肉のコラーゲンがしっかり溶け出てこない。

2008年1月9日放送「調理一新！ 水炊き元年」より

「科学の知恵」で
ガッテン流は極うまになる！

スープのコクを引き出せるのは、手羽先だった！

本場、博多の水炊きの鶏肉が、崩れるほどやわらかくなる理由は、コラーゲンにありました。コラーゲンは、水中で長時間、高温で加熱されると水に溶ける性質を持っています。とくに加熱温度が高い（80℃以上）ほど、また加熱時間が長いほど溶ける量が多くなると考えられています。筋繊維を覆っていた膜が破れてほぐれやすくなるため、肉がやわらかくなるのです。

しかも、コラーゲンは水に溶けるとゼラチンやアミノ酸のかたまりになり、とろりとしたスープのコクのもとになります。このゼラチンは、鶏がらよりも手羽先のほうが、短時間で多く引き出せることがわかりました。

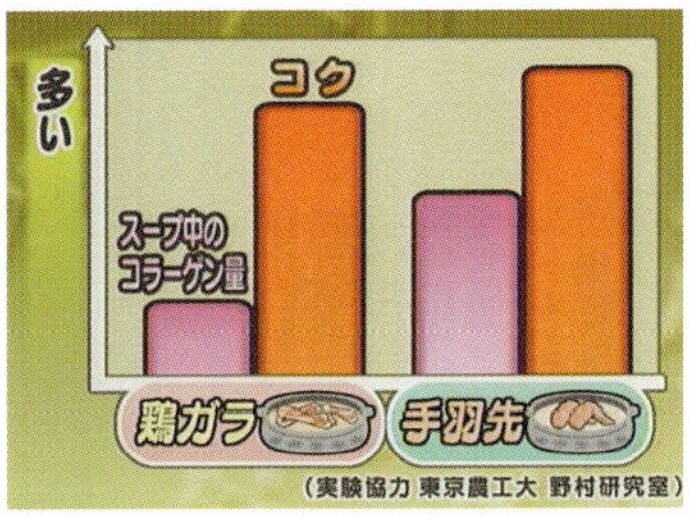

鶏がらと手羽先を、それぞれ1時間煮たものを比べると、コク成分、コラーゲンの量ともに、手羽先のほうが多かった。

実験協力◎東京農工大学　野村研究室

鶏肉

安全安心で身がぷっくり激うま

カキ鍋

加熱用のカキなら うまみ２倍、栄養も豊富！

材料〔２～３人分〕

加熱用カキ……………………………200ｇ
水……………………………………約１.２ℓ
お好みの野菜（白菜・にんじん・
えのきたけ・春菊など）………………適量

・１人分の栄養データ・
エネルギー：69kcal　脂質：1.2g　塩分：1.0g

作り方

1 野菜を煮る

土鍋に水を入れ、野菜などのカキ以外の具材を煮る。

2 カキを加熱

ここがガッテン流！

沸騰したら、加熱用のカキを入れ、8分間加熱する。
※温度が下がるため、途中で具材は足さない。

3 完成！

＼アドバイス／

大きなカキの場合

人差し指からはみ出るような大ぶりのカキ（25ｇ以上）の場合は、加熱時間は９分が目安。

ガッテン！新知識

加熱用カキの選び方

選ぶポイントは

①色は黄みがかったもの
白く透き通っているものがキレイに見えるが、うまみと栄養をため込んだ旬のカキは、色がにごって黄みがかってくる。

②貝柱の下がふっくらしたもの
えさを食べて、エネルギー源であるグリコーゲンを、たっぷりため込んでいるしるし。加熱しても縮みにくい。

今までのやり方

生食用で作る

生食用のほうが新鮮そうでよさそうなので、使いがちだが、しっかり加熱すると身が縮んでしまい、うまみもジューシーさも減る。

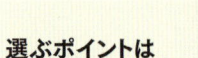

2016年2月10日放送「安心！ 激うま！ カキ完全調理術」より

「科学の知恵」で
ガッテン流は極うまになる！

鍋は「加熱用カキ」が安心で美味

カキを安全に食べるための基準は「カキの中心部を85～90℃で90秒以上加熱」すること。具体的には、沸騰した鍋にカキを入れてから約8分間加熱する必要が。この条件を満たし、さらにおいしく食べるのに大切なのが「加熱用」と「生食用」の選び方です。

この2つの違いは、じつは鮮度ではなく、養殖している海域。加熱用は、陸地に近い沿岸部で育ち、身が詰まって栄養豊富に。反面、食中毒の原因のウイルスなどが含まれることもあるため、加熱用として販売されています。一方、生食用はウイルスが少ない沖合で育ちますが、水分の多いカキに。このため、生のつるんとした食感を楽しむには生食用、鍋やフライなど濃厚なうまみを楽しむには加熱用を選ぶのがおすすめです。

生食用のカキを8分間加熱すると、身がすっかり縮んで、うまみと水分も減ってしまう。加熱用は、縮みにくく、うまみが生食用の2倍、疲労回復効果のあるタウリンは1.4倍、免疫力が上がる亜鉛は2.3倍も含まれる。

ほったらかしにするだけで、絶品の味に！

ゆっくり冷ますほどに、だしの味がしみ込む！

おでん

今までのやり方

長時間煮続ける

だしがおでんだねにしみ込みにくい。

具は一度に入れる

だしを吸うたねは先に入れること。

1999年12月15日放送「おでんの鉄則」より

「科学の知恵」でガッテン流は**極うま**になる！

煮込めば煮込むほど、味はしみない？

だしの味は、煮ている間ではなく、冷ましている間にしみていきます。大根を2時間20分煮続けたものと、20分煮て2時間冷ましたものを比べると、グルタミン酸（うまみ成分）は、冷ましたほうに圧倒的に多いことがわかりました。これは、ゆっくり冷めていくうちに、加熱でできたすき間に、だしが入り込むため。煮続けている間は、大根から空気や水分が出ていくだけで、だしは中にはしみ込みにくいことがわかりました。

そのため家庭で作る場合に使う鍋は、保温性の高い土鍋がおすすめ。さらに加熱後、鍋を新聞紙とバスタオルで包めば、ゆっくり冷ませます。

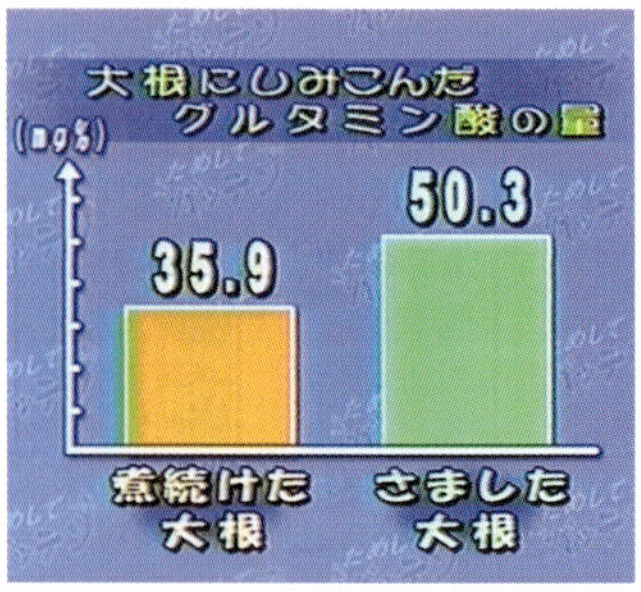

長時間煮続けた大根には35.9mgしかしみ込んでいなかったグルタミン酸が、2時間冷ました大根には50.3mgもしみ込んでいた。

4 食べる直前にあたため直す。

あっという間に味がしみて煮崩れしやすいはんぺんは、ここで投入。

土鍋を包むときなど、熱い鍋の取り扱いには十分ご注意ください。

同じく土鍋ワザで極うま!

ぶり大根

材料〔4人分〕

ぶり……700g
大根(1.5㎝厚さの半月切り)……800g
水……6カップ
A
- しょうゆ・酒……各大さじ4
- 砂糖……大さじ2

・1人分の栄養データ・
エネルギー:405kcal 脂質:23.3g 塩分:2.7g

作り方

❶ぶりは食べやすく切り、Aに1時間以上つけておく。

❷土鍋に水と大根を入れて沸騰させる。

❸ぶりをつけ汁ごと土鍋に入れてふたをして10分間加熱し、火を止める。土鍋を新聞紙とタオルでしっかりと包む。

❹そのまま2時間以上放置する。

2 だしを作る

大きな鍋に水を入れ、昆布を10分つける。昆布をとり出して火にかけ、煮立ったらかつお節を入れて弱火で1分煮出して火を止める。3分たったらこし、**A**を加える。昆布は具にする。

3 土鍋で順番に煮て放置する

土鍋に2で作っただしを入れ、味吸い隊、昆布を入れ強火にかける。

煮立ったら味出し隊(はんぺん以外)を入れ、弱火で20分間煮る。

火を止めて、土鍋を新聞紙3枚とバスタオル2枚で包む。味がしみ込むために最低1時間はおく。

基本的に冷ましておけば冷ましておくほど、味がしみ込み、おいしさが増す。

材料〔4人分〕

味吸い隊
(だし汁を吸うことでおいしくなるたね)
- 大根……⅔本
- 米……ひとつかみ
- こんにゃく……1枚
- ゆで卵……4個

味出し隊
(すでに味があってだしにそのおいしさを出すたね)
- 焼きちくわ……2本
- いわしつみれ……1パック(20g×5個)
- さつま揚げ……4枚
- はんぺん……大1枚

水……10カップ
昆布……約30㎝
かつお節……20〜30g
A
- しょうゆ・酒……各大さじ3
- みりん……大さじ2
- 塩……小さじ⅔

・1人分の栄養データ・
エネルギー:287kcal 脂質:9.2g 塩分:5.8g

作り方

1 大根を下ゆでする

鍋にたっぷりの水(分量外)を入れて、大根と、あく抜き用の米を一緒にゆでる。20〜30分間くらい煮て串を刺し、スーッと通るくらいが目安。

火を通しておくと、細胞にすき間ができて味がしみ込みやすくなる。

活貝見極め術と余熱ワザを楽しむ

あさりのみそ汁

材料〔2人分〕

あさり	200g
みそ	15g
水	2カップ

・1人分の栄養データ・

エネルギー：26kcal　脂質：0.6g　塩分：1.8g

今までのやり方

全量の水でゆでる

先に開いたあさりがかたくなる。

貝の口が全部開くまで待つ

加熱のしすぎでかたくなってしまう。

作り方

1 砂抜きをする

水1カップに対し塩小さじ1（ともに分量外）と、箸先に2㎝ほどのはちみつ（分量外）を加え混ぜ、洗ったあさりをつけて冷暗所に3時間ほどおく。

はちみつの力であさりのうまみ成分・コハク酸が増える。

2 あさりを入れて、水を入れる

鍋にあさりを敷き詰め、分量の水を、あさりが半分つかるまで入れ、半身浴の状態にする。残りの水はやかんで沸かす。

3 半数が開いたら火を止める

半数の貝の口が開いたら一度火を止める。この段階で口が完全に閉じているものは死んでいるので取り除く。

4 熱湯を注ぎ、保温する

2で沸かしておいた熱湯を注ぎ、ふたをする。折りたたんだタオルをのせて、2～3分間保温する。

＼アドバイス／

保温時間はあさりの大きさで変える

あさりが、ティースプーンの大きさ以下なら2分、それより大きい場合は3分が目安です。

5 あさりを取り出す

あさりだけ椀に取り出す。

※この段階で半開きのあさりは、手で開いてOKです。

6 みそを溶き入れる

残った汁にみそを溶き、椀に注ぐ。

2010年6月2日放送「バカうま！ このアサリ一体どう調理したの？」より

「科学の知恵」で
ガッテン流は**極うま**になる！

「半身浴加熱」で活貝を見極める

「生きたあさり＝完全に口が開くもの」というのが常識でしたが、じつは死んだ貝も加熱すると開きます。ではその違いはというと、50℃を超えるあたりで半開きになる貝だけが活貝なのです。死んだ貝は半開きにはなりません。

　これまでは、あさりが開ききるまで煮ていたため、加熱しすぎで身が小さく、かたくなっていました。これからは、貝の口が開くのがよく見え、かつ加熱しすぎを防ぐ「半身浴」で加熱を。あとはタオルで保温すれば、ふっくらジューシーなあさりを楽しめます。

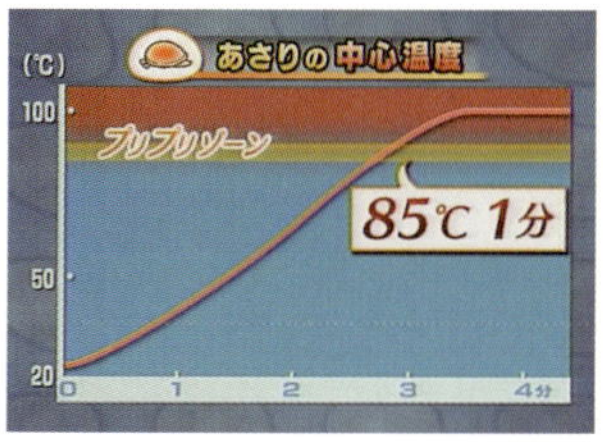

あさりが一番おいしくなる温度は、身の中心温度が85〜90℃のとき。85℃で1分以上加熱するのが、中まで火が通る目安。

生きたあさりは、50℃あたりで気を失い、貝柱を縮める信号がとだえるため半開きになり、そのあと完全に開く。死んだ貝は一気に開く。開かない貝は、ちょうつがいの部分が壊れてしまったため。

いわしのつみれ汁

切った身を「6対4」に分けて、使い分ける！

材料〔2人分〕

いわし（3枚おろしにしたもの）……100g
塩……0.4g（2つまみ）
卵白……10g
だし汁
　水……2カップ
　昆布……1g
　塩……0.6g（3つまみ）
　トマトケチャップ……3滴
長ねぎ（薄い小口切り）……適量

・1人分の栄養データ・
エネルギー：90kcal　脂質：4.6g　塩分：0.7g

作り方

1 いわしを5㎜角に切る

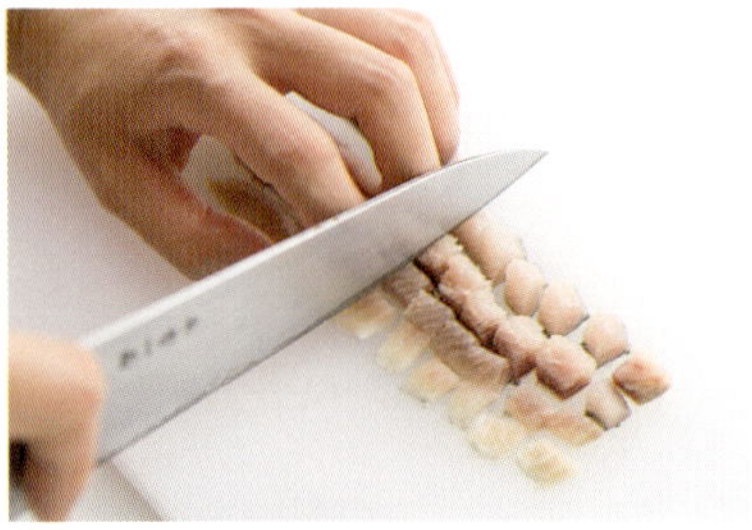

いわしはまず背骨と平行に4等分にし、背骨と直角に5㎜角に切る。

2 切った身を、6:4に分ける

ここがガッテン流！

いわしを6対4に分け、4割のほうだけ、さらに細かく切る。

3 細かく切ったいわしに塩を加えて混ぜる

ここがガッテン流！

細かく切った4割のいわしを小さめのボウルに入れ、塩を加えてゴムべらで1分30秒間よくかき混ぜる。

30秒間　軽く泡立てた卵白を加えて、さらに30秒間混ぜる。

4 残りのいわしを加えて混ぜる

2の6割のほうのいわしを加え、つぶさないように30秒間混ぜる。

5 だし汁を沸騰させる

鍋に、だし汁の材料を入れて沸騰させる。

6 いわしを加えて火を通す

いわしを4等分してスプーンで形を整え、5に入れ、弱火で4分間煮る。椀に盛り、ねぎを散らす。

今までのやり方

材料をすべて合わせて練る
崩れたり、ボソボソした食感が出る。

すべてを細かくたたく
パサパサでジューシーさが出にくい。

2010年3月3日放送「イワシがギュッと凝縮 つみれが最高級料理に」より

「科学の知恵」で
ガッテン流は**極うま**になる！

ふわホロジューシーな食感に！

いわしをよく練ると、たんぱく質分解酵素が発生してボソボソした食感になってしまいます。これを避け、かつ、いわしらしい味わいを残すには、いわしの身に「役割分担」させるのがコツです。

一方は、細かく刻み、塩を入れてよく混ぜ、卵白を加えることでジューシーさとふんわり感を出します。もう一方は、粗く刻むだけにとどめ、練りません。この２つを合体させるだけで、口に入れたとたんにほろりとくずれて、ジューシーなうまみが広がるつみれが完成します。

卵白を加えることで、赤身の魚に多いたんぱく質分解酵素の発生が抑えられ、ミオシンの網目構造が破壊されにくくなる。また空気を抱き込み、ふんわり感もアップ！

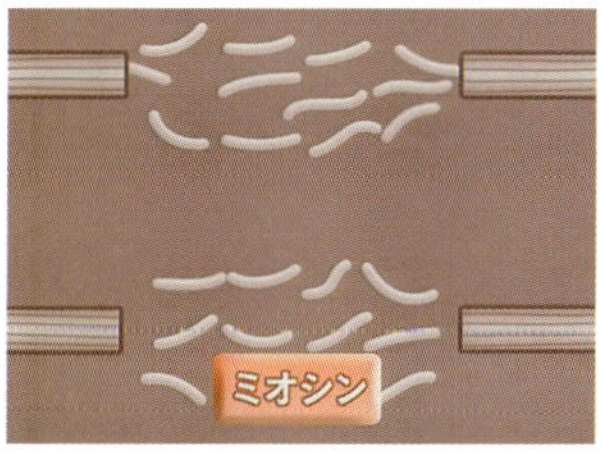

塩を入れて練るとミオシンというたんぱく質が溶け出る。これを加熱すると、ミオシンにより網目構造が作られ、食感がよくなる。

お吸いもの

いつもの昆布を加熱して、熟成昆布の味わいに！

●「ガッテン流 幻の昆布」

材料〔作りやすい分量〕

昆布（だし用）……………………………10g
日本酒………………………………………適量

※昆布は利尻、羅臼、真昆布のいずれかを使用してください。日高、三石、長昆布などは厚さが薄く焦げやすいため、「幻の昆布」を作るのには使用しないでください。

・全量の栄養データ・
エネルギー：18kcal　脂質：0.1g　塩分：0.7g

作り方

1 昆布を2〜3cm角に切る

2 日本酒をまぶす

3 オーブンで1時間加熱

ここがガッテン流！

昆布を重ならないように天板に並べ、110℃に予熱したオーブンで1時間加熱する。

まとめて作って密閉容器に入れれば、冷蔵庫で２か月は保存できます。

＼アドバイス／

加熱のしすぎに注意

右が「ガッテン流 幻の昆布」、左が加熱しすぎた昆布。食べてみておつまみ昆布のようになっていたら、加熱のしすぎ。

●お吸いもの

材料〔350〜400mℓ分〕

「ガッテン流 幻の昆布」………… 10g
水……………………………………2½カップ
塩、生麩、三つ葉など…………各適量

・1人分の栄養データ・　※全量を２人分とした場合。
エネルギー：25kcal　脂質：0.1g　塩分：1.1g

作り方

1 鍋に水、「幻の昆布」を入れる

2 60℃前後で30分以上加熱

ここがガッテン流！

約60℃前後を保つとろ火で30分間以上加熱する。小さな泡が沸くぐらいが目安。沸騰させないように注意。昆布を取り出せば、「ガッテン流 幻の昆布だし」のでき上がり。

「ガッテン流 幻の昆布だし」は冷蔵庫で2〜3日保存が可能。

3 味を調え、具を入れた椀に注ぐ

2の「ガッテン流 幻の昆布だし」に塩を加え調味し、生麩を入れた椀に注ぎ、お好みで三つ葉を添える。

2011年10月12日放送「ついに皆伝！ 京料亭に伝わる昆布ダシの奥義」より

「科学の知恵」でガッテン流は極うまになる!

熟成された「幻の昆布」を、ご家庭で

福井県の昆布問屋で20年以上熟成されていた「幻の昆布」は、うまみのもとであるグルタミン酸の量はふつうの昆布と変わりません。違うのは「香り」。いわゆる海藻の香りは減って、果物やキャラメルのような甘く香ばしい香りが増えています。これは、昆布を数年以上寝かして熟成させることで、昆布の多糖類がバラバラになり、昆布の中のアミノ酸と反応して甘く複雑な香りが生まれるためです。

家庭では、保存状態に気を配りながら熟成させるのは無理ですが、オーブンで加熱すれば、「幻の昆布」にグッと近づけることができます。

手前は23年ものの熟成昆布。表面についている白い粉状のものは「マンニット」という糖の一種。

具のうまみの相乗効果で、だしいらず！

豚汁

今までのやり方

みそを溶いて完成

みその味が強くなりやすい。

豚肉と野菜を一緒に入れる

脂身から出る香りが飛んでしまう。

2005年11月2日放送「うまさ最大級！ 豚汁の新鉄則」より

「科学の知恵」で

ガッテン流は**極うま**になる！

豚汁は素材すべてがだし！

「汁ものは、だしが命！」と思っていませんか？ じつはうまみ成分のグルタミン酸やイノシン酸が多すぎると、苦みや渋みを感じるようになります。「だしは、素材からうまみを引き出したあと、足りないものを足す材料」という発想も大切。豚汁に関していえば、作り方によって後だしも不要なのです。

和食の達人は、野菜を湯通ししてうまみ成分を出やすくしたり、豚肉を霜降りすることで余分なたんぱく質や脂分を落としてから、肉の表面を熱で固めることでうまみや香りを閉じ込めたりしています。

そして、みそを二度に分けて入れることで、それぞれの素材が持つうまみをしっかり引き出していました。

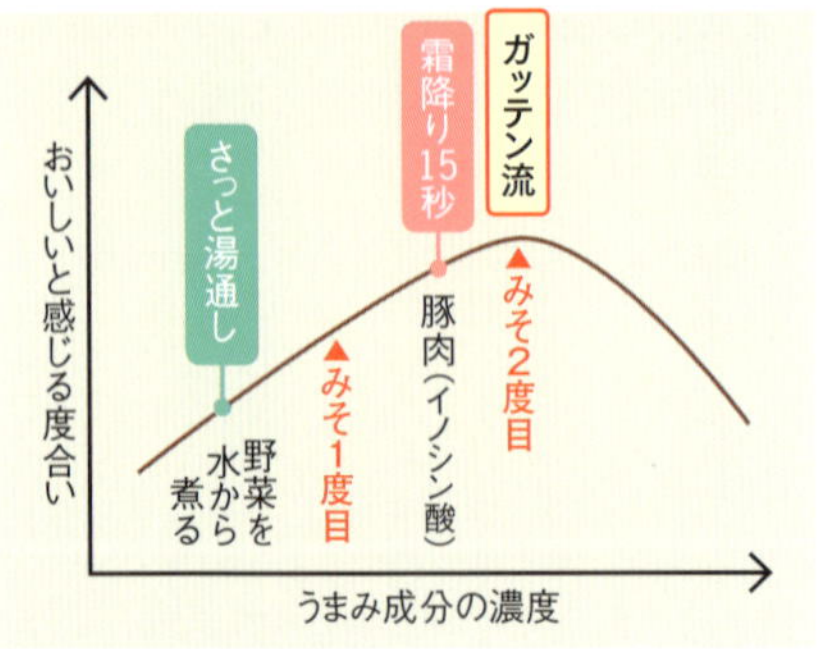

野菜、みそ、豚肉の順に加えて、おいしさの頂点を目指しました。

材料〔多めの4～5人分〕

豚ばら肉	200g
大根・里いも	各200g
にんじん・ごぼう	各100g
長ねぎ	1本
こんにゃく	150g
みそ	120g
水	10カップ

・1人分の栄養データ・

エネルギー：257kcal　脂質：15.7g　塩分：3.0g

作り方

1 野菜を切る

豚肉は5cm長さに、大根とにんじんは1.5cm厚さのいちょう切り（小さいものは半月切り）に、里いもは2cm厚さに、長ねぎは1cm厚さの小口切りに、ごぼうは5mm厚さの小口切りに、こんにゃくは一口大に切る。

火の通りを考えて具の大きさを切ることで、煮る時間も短縮できる。

2 湯通しする

たっぷりのお湯（分量外）を沸かし、長ねぎ以外の野菜、こんにゃくをざるごと入れて下ゆでする（目安は1分30秒間）。

アク抜きに加え、野菜の細胞膜を熱で傷つけることで、水から煮たときにうまみ成分が出やすくなる効果が。

3 豚肉を霜降りする

沸騰直前の熱湯で、豚肉を15秒間だけ湯通しする。

アクを取り、かつ豚の表面を熱で固めることで、うまみや香りのもととなる脂を肉内部に閉じ込める効果がある。

4 水から煮てみそは二度に分けて入れる

鍋に水を入れ、湯通しした2を水から煮る。沸騰するまで強火で加熱。

水から煮ると野菜のうまみがよく出る。

野菜に完全に火が通る前に、火を弱め、みその⅓の量を入れ、さらに煮る。

みそのうまみを引き出すために、最初に味出し用のみそを入れてからしっかりと煮込むのがコツ。

豚肉と長ねぎを入れる。

豚肉の脂の香りを残すために、豚肉は長く煮込まず、仕上げに入れる。

味見をして、2度目のみそを入れる。

2度目のみそは、味を調えるためと、みその香りを足すためだけなので、残り全量を入れず、味見をしながら足りない分だけ足すように。

「塩水で砂抜き」「いったん冷凍」が正解！

しじみの潮汁

冷凍でプロの味わいに！

2008年10月1日放送「新ワザ発表！ 冷凍で肉も野菜も美味に変える」より

材料〔2人分〕

- しじみ……100g
- 水……1½カップ
- 酒……大さじ1
- 塩・しょうゆ……各少々
- 青じそ（細切り）……適量

・1人分の栄養データ・
エネルギー：10kcal　脂質：0.2g　塩分：1.0g

作り方

1 砂抜きをする

ここがガッテン流！

水100㎖に塩1gの割合の塩水（分量外）にしじみを1時間つける。引き上げて3時間おくと、うまみ成分が大幅に増える。

2 しじみを冷凍する

ここがガッテン流！

貝殻の汚れをよく洗ってから保存袋に入れ、空気を抜いて冷凍する。

3 鍋に冷凍しじみを入れて加熱する

鍋に水、酒、しじみを入れ、中火で煮立たせ、アクを除き、3分間ほど煮る。

4 調味する

貝の口が開いたら塩としょうゆで味を調える。椀に盛り、青じそを散らす。

「科学の知恵」でガッテン流は極うまになる！

冷凍もののほうが、しじみはうまい！

貝類は新鮮なものほどおいしいのが常識でしたが、しじみに関しては、これがあてはまりません。生のしじみと冷凍したしじみを食べ比べたところ、全員が冷凍もののほうが何倍もおいしいと支持。これは、冷凍することでしじみのうまみ成分である「オルニチン」の量が4倍にも増えるため。また、砂出しのときに時間をおくと、さらにうまみが増えることもわかりました。

今までのやり方

砂抜きし、そのまま使う

しじみのうまみ成分を十分に引き出せない。

特別収録

第7章

調理効率、味ともにアップ！

ガッテン流
科学の驚き
調理楽ワザ集

得 冷凍術

節約しながら、光熱費&手間もカット！

節約の常識を変える「新・冷凍術」

ガッテン流の「新・冷凍術」なら、今まではムリだと思っていた生野菜の冷凍もOK。解凍してすぐにおいしく使えるんです。お買い得の旬の野菜も、迷わずまとめ買いしちゃいましょう！

冷凍のしくみを利用して節約レシピに応用

旬の野菜は栄養価が高く、価格は安くなって、まさにお買い得。まとめてたくさん買って、使いきれない分や余った分などを、上手に冷凍保存したいところです。でも、野菜をそのまま冷凍すると、ぐずぐずの食感になってしまうのが難点。ゆでてから冷凍保存できる野菜もありますが、ゆでるのは意外とめんどう……。

そこでガッテンが野菜の冷凍に挑戦したところ、便利で簡単な方法で、さらにおいしさもアップする野菜をたくさん見つけました！

野菜の冷凍を成功させるカギは、〝冷凍の科学を理解すること〟。野菜を冷凍すると、食材の細胞内の水分が凍ります。細胞内にできた氷の塊が細胞膜や細胞壁を傷つけるので、解凍したときにぐずぐずの食感になりやすかったのです。

この細胞が壊れるしくみを逆利用してしまうのが、ガッテン流「新・冷凍術」。もともと、野菜をゆでるのは、細胞をある程度壊して食べやすくするため。つまり、冷凍して細胞を壊すことでも、ゆでるのと同じ効果を得られる食材もあったのです。

これと同じしくみで、「本格あめ色玉ねぎ」も冷凍玉ねぎを使えば、スピーディに作れます。さらに、これまで冷凍はできないと思われていたトマトも冷凍OK。冷凍野菜の可能性が広がります。

冷凍野菜の食感を「逆」利用！

冷凍した野菜は、生の野菜とは食感が異なりますが、解凍後の食感を考えて料理に使えば、意外なほどおいしく食べられます。冷凍野菜は細胞が壊れてやわらかくなる分、筋っぽい野菜の場合は、繊維が気になりやすいので、冷凍する前に繊維を断ち切るように、いつもより小さめに切るのも食感をキープするコツです。

また、きゅうりや大根といった、そのまま冷凍するとぐずぐずの食感になる野菜でも、切ってから合わせ調味料といっしょに保存袋に入れて冷凍すれば、冷凍しているあいだに自然と味がしみ、調理の手間も省けます。解凍後、きゅうりは、そのままシャキシャキの酢のものに、大根は、だしと一緒に煮れば、大根煮ができます。

ガッテン！新知識

ゆでずにそのまま使うため栄養も豊富に！

番組では小松菜を冷凍し、解凍するだけでおひたしを作りましたが、手間が省けるだけではなく、栄養面でも得する作用がありました。

生の小松菜をゆでて作ったおひたしと冷凍小松菜を解凍したものとで比べたところ、冷凍のほうがビタミンC含有量が多かったのです。

通常、野菜をゆでるとビタミンCの一部はお湯に溶け出すのですが、冷凍のものはゆでない分、ビタミンCの流出が抑えられていたのです。

さらに追加実験をしたところ、水菜、白菜、キャベツ、チンゲン菜もゆでずにおひたしが作れました。ただ、ほうれん草はえぐみが出てしまうため、軽くゆでてからの冷凍をおすすめします。

2008年10月1日放送「新ワザ発表！ 冷凍で肉も野菜も美味に変える」より

しんなり小松菜に、ベーコンのうまみをたっぷり吸わせる

小松菜とベーコンのさっと煮

材料〔２人分〕

小松菜（ざく切りにして冷凍）……100ｇ
ベーコン（２㎝幅に切る）……２枚
A
- 酒……大さじ１
- しょうゆ・みりん……各小さじ½
- 塩・こしょう……各少々
- 水……¼カップ

バター……小さじ½

作り方

1. 鍋にAを煮立て、ベーコンと凍ったままの小松菜を入れ、１～２分煮て火を止める。
2. バターを落とし、器に盛る。

・１人分の栄養データ・
エネルギー：99kcal　脂質：8.7g　塩分：0.9g

小松菜の冷凍ワザ

〈そのまま加熱用〉

4㎝長さのざく切り

〈水けをしぼるとき用〉

半分に切る

○ スープやみそ汁に少量ずつ使うときに便利。だしをよく吸う。おひたしにする場合、加熱する手間が省ける。

× くたっとするので炒めものには向かない。葉の部分が砕けやすい、若干苦みを感じやすい。

くたくたのにらは、卵でとじてボリュームアップ

にらとしらすの卵とじ

材料〔２人分〕

にら（3～4㎝長さに切って冷凍）……50ｇ
しらす干し……20ｇ
卵……３個
A
- だし汁……½カップ
- 酒・みりん……各大さじ１
- しょうゆ……小さじ１
- 塩……少々

作り方

1. 卵はざっと溶きほぐす。
2. フライパンにAとしらす干しを入れ、煮立ったら凍ったままのにらを入れてひと煮する。
3. 卵を回し入れてふたをし、中火にして卵を好みのかたさに仕上げる。

・１人分の栄養データ・
エネルギー：151kcal　脂質：8.4g　塩分：1.5g

ニラの冷凍ワザ

3～4㎝長さに切る

○ にらの香りがたつ。くたっとした食感は煮もの、汁ものに向く。

× くたっとなるので炒めものには向かない。自然解凍するとにら同士がくっついて調理しにくくなるので、凍ったまま使う。

加熱
いらず

塩もみいらずでしんなり食感

キャベツのコールスロー風

材料〔2人分〕

キャベツ（ざく切りにして冷凍）……300g
A
- 酢・サラダ油……各大さじ1
- 砂糖……小さじ2
- 粒マスタード……小さじ1
- 塩・こしょう……各少々

作り方

1 キャベツは常温で解凍する。
2 ボウルにAを混ぜ合わせ、水けを軽くしぼったキャベツを入れてさっくりとあえる。

・1人分の栄養データ・
エネルギー：104kcal　脂質：6.7g　塩分：0.4g

キャベツの冷凍ワザ

小さめのざく切り

○ キャベツの甘みを感じやすくなる。塩分を使わずしんなりさせることができる。

× 一度ゆでたような食感になるので、炒めものには向かない。加熱の際はやわらかくなりすぎないよう加熱時間を短めにする。

しんなり食感にタレがよくからむ

白菜のナムル

材料〔2人分〕

白菜（⅛株に切って冷凍）……300g
A
- ごま油・しょうゆ……各小さじ2
- おろしにんにく・塩・砂糖……各少々

一味唐辛子……少々

作り方

1 白菜は常温で解凍し、2㎝幅に切って水けを軽くしぼる。
2 ボウルにAを入れ、白菜をあえて器に盛り、一味唐辛子をふる。

白菜の冷凍ワザ

〈煮もの・汁もの用〉

ざく切り

〈あえもの用〉

⅛株に切る

○ 白菜の味をより濃く感じられる。蒸しものやあえものに向く。

× 塩もみしたようなしんなり食感になるので、炒めものには向かない。

加熱
いらず

・1人分の栄養データ・
エネルギー：64kcal　脂質：4.1g　塩分：1.1g

くだけた葉もとろみのついたスープで食べやすく

チンゲン菜のミルクスープ

材料〔2人分〕

チンゲン菜（半分に切って冷凍）……………………1株（約100g）
ベーコン…………………………………………………1枚
牛乳………………………………………………………2カップ
鶏がらスープの素（顆粒）……………………………小さじ½
水溶き片栗粉・塩・こしょう…………………………各少々
ごま油……………………………………………………小さじ½

作り方

1. ベーコンは1㎝幅に切る。
2. 鍋にごま油を熱し、ベーコンをさっと炒め、牛乳、鶏がらスープの素を加えて煮立てる。
3. 凍ったままのチンゲン菜を手で食べやすい大きさに割り、2に加えてひと煮立ちさせ、水溶き片栗粉で薄いとろみをつけ、塩、こしょうで味を調える。

・1人分の栄養データ・

エネルギー：195kcal　脂質：12.8g　塩分：1.1g

チンゲン菜の冷凍ワザ

半分に切る

○ 冷凍することでしなっとなるので、加熱する手間が省ける。食感の異なる食材と一緒に調理するのがおすすめ。

× 葉の部分はくだけやすくなる。あえものなどに使う場合は、水けをしっかりしぼらないと水っぽくなる。

色の悪くなる冷凍水菜は、明るい色みの食材と合わせて美しく

水菜と豚しゃぶの変わりサラダ

材料〔2人分〕

水菜（半分に切って冷凍）……………………………100g
豚肉（しゃぶしゃぶ用）………………………………150g
トマト（くし形に切る）………………………………1個

A
- みそ………………………………………………大さじ1
- みりん……………………………………………小さじ2
- 酢・サラダ油……………………………………各小さじ1

作り方

1. 水菜は常温で解凍し、水けをしっかりしぼって3㎝長さに切る。
2. 豚肉は沸騰直前の湯でさっとゆで、水にとって冷ます。水けをふいて一口大にちぎる。
3. 水菜と豚肉をさっくりとあえて器に盛り、トマトを飾り、混ぜ合わせたAをかける。

※トマトは、生のものをお使いください。

・1人分の栄養データ・

エネルギー：272kcal　脂質：17.1g　塩分：1.2g

水菜の冷凍ワザ

半分に切る

○ 使いきれないときに便利。かさが減るので食べやすい。

× 葉の部分がもろくぼろぼろになりやすく、色が悪くなる。苦みを感じやすくなる。

すぐにしんなりする冷凍ピーマンなら、短時間加熱で色鮮やか

ピーマンと鶏肉のみそ炒め

材料〔2人分〕

ピーマン
（縦4等分に切り冷凍）…80g
鶏ささみ……………………150g

A
- 酒……………………小さじ1
- ごま油・片栗粉 ………………各小さじ½
- 塩・こしょう‥各少々

B
- みそ・酒…各大さじ1
- 砂糖…………小さじ1½

ごま油……………………小さじ1

作り方

1. ピーマンは常温で半解凍し、細切りにする。
2. ささみは筋を取り、細切りにしてAをからめておく。
3. フライパンにごま油を熱し、ささみをほぐし入れ、2～3分間炒める。
4. ささみに火が通ったらピーマンを加えてさっと炒め、混ぜ合わせたBを加え、つやよく炒め上げる。

・1人分の栄養データ・
エネルギー：143kcal　脂質：4.2g　塩分：1.4g

ピーマンの冷凍ワザ

種を取り半分、または縦4等分

○ 種を取る下処理をまとめてやっておくので、さっと使える。すぐにやわらかくなるので、緑が鮮やかなうちに調理できる。

× パキッとした食感は失われてしまう。

いつものハンバーグと一味違った新食感

もやしハンバーグ

材料〔2人分〕

もやし（冷凍）……………50g
合いびき肉……………120g
青ねぎ（小口切り）
……………………2～3本
溶き卵…………………½個分

A
- パン粉…………大さじ3
- 牛乳……………大さじ2

塩・こしょう………各少々
サラダ油…………小さじ1
ししとう・プチトマト
………………………各適量

作り方

1. ボウルにAを入れ、2～3分おく。
2. [1]にひき肉、青ねぎ、溶き卵、塩、こしょうを入れ、よく混ぜ、凍ったままのもやしを入れて混ぜる。
3. 小さめの小判形に丸める。
4. フライパンに油を熱し、[3]を並べ入れ、ふたをして3～4分間、中火で焼く。ひっくり返して同様に焼く。フライパンのあいているところにししとうとプチトマトも並べ入れ、塩少々をふって焼く。

※つけ合わせのトマトは、生のものをお使いください。

・1人分の栄養データ・
エネルギー：232kcal　脂質：15.3g　塩分：0.4g

もやしの冷凍ワザ

さっと洗って水けをふく

○ 料理をボリュームアップさせたいときにさっと使えて便利。やわらかい食感のものと合わせると、わりとシャキッと感じられる。

× ややくたっとするので、シャキシャキした食感をいかしたい料理には生がおすすめ。

蒸し焼きでしっかり加熱すればしっとりと

にんじんの洋風きんぴら

材料〔2人分〕

にんじん（短冊切りにして冷凍）……150g
白ワイン・水……各大さじ1
しょうゆ・みりん……各小さじ1
オリーブ油……小さじ2
白ごま・黒こしょう……各少々

作り方

1 フライパンにオリーブ油、凍ったままのにんじん、白ワイン、水を入れ、ふたをして3～4分間、弱～中火で蒸し焼きにする。
2 にんじんが完全に解凍したら、しょうゆ、みりんを入れ、つやよく炒め上げる。仕上げに白ごまと黒こしょうをふって器に盛る。

・1人分の栄養データ・
エネルギー：71kcal　脂質：4.3g　塩分：0.5g

にんじんの冷凍ワザ

短冊切り

○ 煮ものなどの彩りに少量ずつ使える。短冊切りにすることで食感が悪くならない。

× 大きめに切るとぼそぼそしてしまう。青くささが出てしまう場合もあるので、生のものよりもしっかりと加熱する。

冷凍ごぼうの食感を、ピーナッツの歯ごたえでカバー

ごぼうとピーナッツのみそマヨサラダ

材料〔2人分〕

ごぼう（縦半分に切り、斜め薄切りにして冷凍）……100g
ピーナッツ（粗く刻む）……10g
A［マヨネーズ……小さじ2
　みそ・みりん……各小さじ1

作り方

1 塩少々（分量外）を加えた熱湯で凍ったままのごぼうを2～3分間ゆで、ざるに上げて粗熱を取る。
2 ボウルにAを合わせ、軽く水けをしぼったごぼうとピーナッツをあえ、器に盛る。

・1人分の栄養データ・
エネルギー：98kcal　脂質：5.6g　塩分：0.5g

ごぼうの冷凍ワザ

縦半分に切り、3～4mm厚さの斜め薄切り

○ 繊維を断ち切るようにささがき風に切れば食感が悪くならない。使いきれないときに便利。

× 大きめに切ってしまうと水分がぬけてパサパサになってしまう。

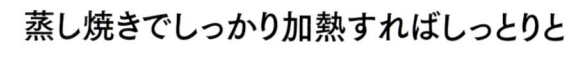

香ばしい焼き上がりで、青くささを消す

かぼちゃの塩さとう焼き

材料〔2人分〕

かぼちゃ（6〜7㎜厚さの一口大に切って冷凍）……150g
バター（またはサラダ油）……小さじ1
塩・砂糖……各少々

作り方

1. フライパンにバターを熱し、凍ったままのかぼちゃを並べ入れ、ふたをして3〜4分間、弱〜中火で焼く。
2. ひっくり返して同様に焼き、火を止めて塩、砂糖をふり入れて全体にからめて器に盛る。

・1人分の栄養データ・
エネルギー：85kcal　脂質：1.8g　塩分：0.3g

かぼちゃの冷凍ワザ

6〜7㎜厚さの一口大に切る

○ 色が変わらないので、少量ずつ使いたいときに便利。

× 冷凍かぼちゃはやわらかく、火が通っているようでも生のことがあるので、しっかりと加熱すること。電子レンジの解凍はあまりおすすめしない。

くたっとしたいんげんに、あんをからめて食感カバー

いんげんのそぼろ煮

材料〔2人分〕

いんげん（筋を取り3〜4㎝長さに切って冷凍）……100g
鶏ひき肉……50g

A
- だし汁……½カップ
- みりん……大さじ1
- しょうゆ……小さじ1
- 塩……少々

水溶き片栗粉……少々
サラダ油……小さじ1

作り方

1. フライパンに油を熱し、鶏ひき肉をぱらぱらになるまで炒める。
2. 凍ったままのいんげんを入れてさっと炒め、Aを加えて3〜4分間煮る。
3. 水溶き片栗粉を加えてとろみをつける。

・1人分の栄養データ・
エネルギー：92kcal　脂質：5.0g　塩分：0.8g

いんげんの冷凍ワザ

筋を取り、3〜4㎝長さに切る

○ 3〜4㎝長さに切り、食感が悪くなるのを防ぐ。つけ合わせに使いたいときにも便利。

× 冷凍いんげんはくたっとするので火の通りが判断しづらいが、しっかり加熱すると青くささが消える。

あめ色玉ねぎで、デミグラスソースいらず！

あめ色玉ねぎのハヤシライス

・1人分の栄養データ・

エネルギー：602kcal　脂質：26.4g　塩分：1.3g

材料〔2人分〕

玉ねぎ（スライスして冷凍）……1個（約200g）
牛肉（切り落とし）……150g
塩・こしょう……各少々
小麦粉……小さじ1
マッシュルーム（薄切り）……5～6個
A
- 赤ワイン……大さじ4
- トマトケチャップ……大さじ3
- 水……大さじ2

ご飯……茶碗2杯分
サラダ油……大さじ1
パセリ（みじん切り）……少々

作り方

1. フライパンに油を熱し、凍ったままの玉ねぎを入れ、弱火であめ色になるまで炒める。
2. 牛肉は大きければ一口大に切り、塩、こしょう、小麦粉をふる。
3. 1のフライパンに2を広げて入れて炒め、マッシュルームとAを加え、中火にして混ぜながら3～4分間煮る。
4. 器にご飯を盛り、3をかけてパセリをふる。

玉ねぎの冷凍ワザ

スライス

○ あめ色玉ねぎが簡単に作れる。みじん切りなどに少量ずつ使える。

× やわらかくなるので、シャキシャキした食感をいかす料理には生がおすすめ。

まるごとすりおろしトマトなら、うまみも栄養も全部とれる

トマトのみそパスタスープ

材料〔2人分〕

トマト（へたを取って冷凍）……小1個
しめじ（石づきを取り、小房に分けて冷凍）……½袋（約50g）
にんにく（薄切り）……小1片
バター……小さじ2
水……1¼カップ
スパゲッティ（食べやすい長さに手で折る）……20g
みそ……小さじ2

作り方

1. トマトは凍ったまますりおろす。
2. 鍋にバターを熱し、にんにくを炒め、凍ったままのしめじを加えて軽く炒める。
3. 1のトマトを加えて少し炒めたら水を入れ、煮立ったらスパゲッティを入れて3～4分間煮る。
4. スパゲッティがやわらかくなったら、みそで味を調える。

まるごとすりおろすので、種などをこす必要もなく、トマトのうまみをすべて食べられる。

・1人分の栄養データ・

エネルギー：98kcal　脂質：4.0g　塩分：0.8g

トマトの冷凍ワザ

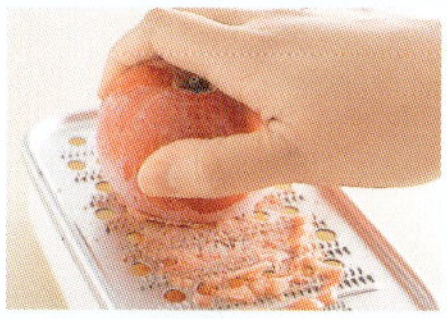

まるごと冷凍
すりおろして使う

○ まるごとすりおろすので、トマトのうまみをすべて摂取できる。冷たい場合があるので、ふきんで押さえるとおろしやすくなる。

× そのまま解凍するとぐにゃぐにゃになってしまうのでNG。

凍った食材を氷で解かす!? おいしさを保つミラクル「氷水解凍」

水だから空気よりも熱伝導がよく、食材を丸ごと包み込める！

氷水なら時間がたっても氷温キープ

氷水解凍のやり方

1 ボウルに氷水を作る

大きめのボウルに氷水を作る。氷が少ないと、入れた食材が浮いてきたり、中の氷が早く解けてしまうので、多めに。

2 密閉できる袋に食材を入れる

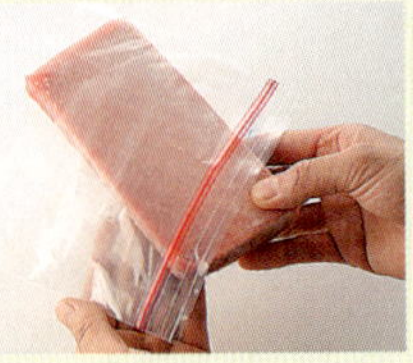

袋になるべく空気が入らないよう、食材を入れる。食材のまわりに空気が残っていると、解けにくくなるので注意。

3 氷水に入れて ぬれぶきんで重しをする

氷水で食材全体を包むことが大切なので、食材が浮く場合はぬれぶきんで重しを。皿などは食材がつぶれるので避ける。

氷水に入れておくと、袋のまわりに薄い氷の膜が張ることが。解凍時間短縮のため、気づいたら手ではがす。

4 食材が解けたら終了

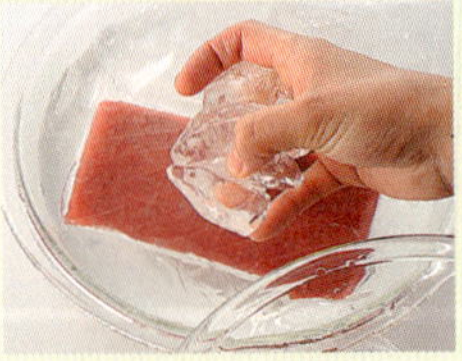

氷が解けたら新しい氷を追加し、つねに氷水の状態をキープ。食材を触り、中心までやわらかくなっていたら解凍完了。

＼ 見た目にも差が!! ／

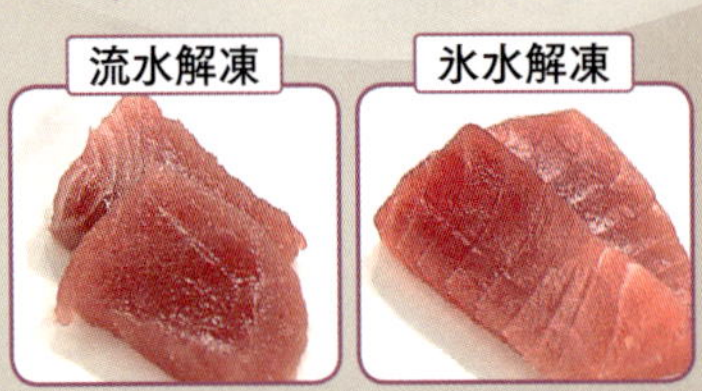

細胞の破壊を最小限に抑えているため、見た目にも型崩れが少なく色も鮮やか。

常温解凍より時短!!
1時間→45分

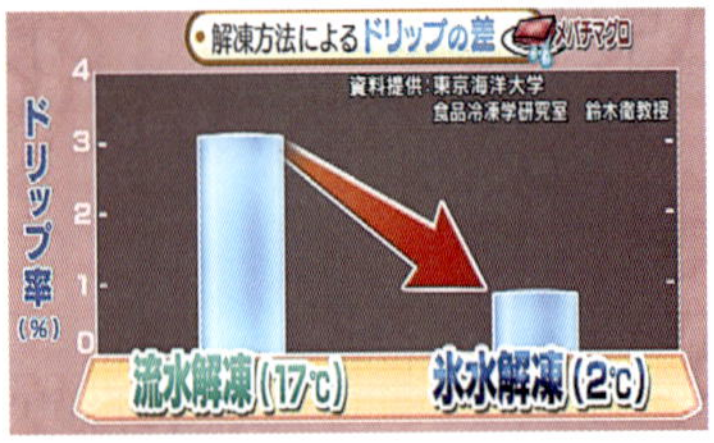

流水解凍に比べ、氷水解凍はドリップの量が約1/3に激減。

※高鮮度船上凍結まぐろについてのデータ

資料提供◎東京海洋大学食品冷凍学研究室教授
鈴木 徹さん

氷水を使った新ワザ解凍で冷凍の不満をすべて解決！

凍った食材の冷たさを素早く奪い、さらに解凍後の温度上昇まで抑えてくれる理想の道具。それは、なんと「氷水」。凍ったものを氷水に入れても、解凍されないのでは？ と思ってしまいますが、じつは氷水の温度は1℃ほど。凍ったものより温度が高ければ、食材を解かすことは十分可能なのです。

しかも食材を覆うのは、空気の30倍、熱伝導率が高い水。かになどデコボコした食材でも全体を包み込めるので、素早く冷たさを奪えます。

また、氷のおかげで、食材の温度が必要以上に上がることはなく、氷温を保てます。そのため、流水解凍や冷蔵庫解凍のように、余計な温度の上昇で肉や魚の風味や食感を損なう心配もありません。

冷凍した海鮮食材が激うまに！

氷水解凍で
プリプリ手巻きずし

まぐろやサーモンはさくのまま。冷凍した海鮮がとれたての味でよみがえります！

冷凍していたとは思えない味と食感が実現！

まぐろにいか、ほたてにサーモンなどは、手巻きずしに欠かせない食材。形や大きさがバラバラでも、それぞれ別の袋に入れ、氷水の入ったボウルに入れれば、一度にまとめて解凍できます。氷水解凍した食材は、手巻きずしのほか、お刺身はもちろん、海鮮丼、カルパッチョなど、ぜひ生のままで食べてみてください。その違いに驚かされるはずです。

また、解凍するのが難しいゆでた冷凍がにも、水っぽさがなく、味わい濃厚で身もプリプリの食感を楽しめます。

いかの冷凍・解凍ポイント

冷凍する前にあらかじめ、身を開き内臓を取るなどの下処理をして冷凍しておく。解凍目安時間は約30分間。

サーモンの冷凍・解凍ポイント

さくのまま冷凍。複数個ある場合は、ひとつずつ袋の中に入れると、より早く冷・解凍できる。解凍目安時間は約70分間。

ほたての冷凍・解凍ポイント

袋に入れる際、横に並べるより縦1列にして小さな塊にしたほうが早く解凍できる。解凍目安時間は約60分間。

まぐろの冷凍・解凍ポイント

さくのまま冷凍。なるべく空気が入らないよう、サイズの合った袋を選ぶといい。解凍目安時間は約45分間。

※解凍時間は分量や室内温度によって変わります。

ゼラチン

抜群の「保水力」がうまみを閉じ込める！

驚きのゼラチン調理術

油をほとんど使わずにパラパラの食感を実現！

ゼラチンの大きな特性は、高い「保水力」。これを利用すると、なんと、油をほとんど使わずにチャーハンを作ることができます。作り方はいたって簡単！ 通常の材料のほかに、水に溶かしたゼラチンを一緒に加えて、炊飯器で炊くだけ。すると不思議なことに、パラパラのチャーハンに仕上がるのです。番組では、このチャーハンを、炊飯ジャーにかけ、「ジャーハン」と命名。

ジャーハンの米粒を調べてみると、水分を抱え込んだゼラチンの膜が、お米の周囲を覆っていました。この膜がうまみ成分や水分を閉じ込めているため、ベタつかずパラパラの食感に仕上がるのです。さらに、水分を閉じ込めていることで、お米の弾力性もアップ。手間をかけずに、おいしいチャーハンが作れます。また、油で炒めないため、カロリーも抑えめです。

炒めたような、パラッとした仕上がり！

ガッテン流ジャーハン

材料〔3～4人分〕

米……2合
粉ゼラチン……小さじ1
※牛、豚ゼラチンのどちらでもOK。
焼き豚（5㎜角に切る）……50g
卵……1個
長ねぎ（みじん切り）……½本
塩……小さじ1
A しょうゆ……小さじ2
A ごま油……小さじ½
A こしょう……少々

作り方

1. 炊飯器に米と水（分量外）を入れ、水は2合の水位に合わせる。そこから大さじ3程度の水を抜く。
2. お湯（大さじ1程度）で溶いたゼラチンを炊飯器に入れる。ダマにならないよう、ゼラチンはムラなくよく溶かす。
3. 塩と焼き豚を入れ、よく混ぜ合わせたら米を炊く。
4. ボウルに卵を割りほぐし、Aを入れて混ぜ合わせる。
5. 炊き上がったらすぐにふたを開けて、4と長ねぎを加え、そのまますぐにふたをして、5分間蒸らす。
6. 蒸らしたあと、よく混ぜ合わせたらでき上がり。

＼パラパラの食感が簡単に！／

・1人分の栄養データ・
エネルギー：324kcal　脂質：3.6g　塩分：2.3g

2013年2月27日放送「そのヒト振りが料理を変える！ 魔法の白い粉」、2017年3月1日放送「決定版！ コラーゲン100%活用SP」より

重曹

極上！豆腐味わい尽くし術

お手ごろ価格の豆腐を本格料理に仕上げる

1丁100円前後の豆腐で絶品レシピ

トロトロ湯豆腐

・1人分の栄養データ・

エネルギー：221kcal　脂質：12.6g　塩分：1.0g

材料と作り方〔2人分〕

1. 土鍋に湯2ℓと重曹小さじ2を入れて火にかけ、沸騰したら6等分に切った豆腐2丁分を加える。
2. 好みのやわらかさになるまで煮る。

たれを変えて3種の味を楽しむ!!

材料〔作りやすい分量〕と作り方

梅だれ

梅肉大さじ4、ゆずこしょう・削りがつお各小さじ2、水大さじ8を混ぜ合わせる。

・全量の栄養データ・

エネルギー：37kcal　脂質：0.3g　塩分：19.0g

納豆だれ

❶ひきわり納豆80gを粘りがでるまでよくすり、中辛みそ大さじ3と合わせる。
❷溶き卵1個分とだし汁大さじ3を加えて、混ぜ合わせる。

・全量の栄養データ・

エネルギー：340kcal　脂質：16.7g　塩分：7.0g

黒だれ

黒ごま・酢・だし汁各大さじ4、しょうゆ大さじ3、ごま油大さじ2、砂糖大さじ1½、焼きのり4枚をミキサーにかけ、ペースト状になるまで混ぜる。

・全量の栄養データ・

エネルギー：548kcal　脂質：44.0g　塩分：8.0g

100円前後の豆腐が絶品に　トロトロ湯豆腐革命

スーパーで1丁100円前後で買える豆腐。寒い時期に簡単にできてうれしいのが湯豆腐です。お手ごろ価格の豆腐の場合、豆腐本来の味よりも、薬味やたれの味を重視する人も多いですが、ガッテンでは豆腐そのものをおいしく味わう方法を発見。

番組が佐賀県嬉野温泉で出会ったのは〝幻の湯豆腐〟。豆腐の表面がとろとろに溶けて淡雪のような口どけが楽しめる、まさに絶品の湯豆腐です。とろとろの理由は、お湯の代わりに重曹成分が多く含まれている温泉水を使っていること。そのため、ご家庭でも重曹を少し加えるだけで、いつもとはひと味違ったふわとろの湯豆腐を楽しむことができるのです。

2008年2月20日放送「極上に変身！湯どうふ大革命」より

調理楽ワザ集5 野菜の下ごしらえ 便利帳

下ゆで、アク抜きなど、意外と手間がかかるのが、野菜の下ごしらえ。
でもガッテン流なら、今までやっていた下ごしらえが不要だったり、
短時間でよりおいしく、食感よく仕上がったり、野菜のもちがよくなったりします。

アスパラガスは まずは立ててゆでる

アスパラガスをゆでるとき、鍋の湯に横に入れると、かたい根元に火が通るころには、やわらかい穂先がゆですぎになり、うまみ成分が逃げてしまいます。

縦にして根元を先に湯に入れ、10秒数えてから横にして全体を入れます。さっとゆでて、水にはとらず、余熱で中に火を通します。3ℓの湯に塩20g、サラダ油小さじ2の割合で加えてゆでるとおいしくゆでられます。

中華鍋にたっぷりのお湯を沸騰させ、アスパラガスを立てて入れ、そのまま10秒間ほどゆでる。

次に横にして40秒間ほどゆでる。引き上げたら冷水にとらず、そのまま余熱で火を通す。

今までのやり方

横に入れてゆでる

かぶは 鍋→レンジで、2段階加熱

かぶは、加熱しすぎると煮くずれて甘みや栄養が流れ出てしまいます。

そこでかぶの持つ酵素に注目。酵素は60℃前後で働き出すので、60℃の状態を保つと、外側だけがサクッとかたくなり、内側にはかぶらしい上品な甘さや水分を閉じ込めることができます。このあと電子レンジで加熱すれば、いろんな料理に展開可能。その際は、仕上げに加えて混ぜるだけ、加熱はほとんどしないのがコツです。

かぶ2個は、くし形に8等分して皮を厚めにむく。水1ℓに塩10gを入れた熱湯に入れ、50秒間ゆでる。

かぶを引き上げて、5分間おいて、60℃の状態を保つ。

耐熱容器にかぶを入れ、ラップをふんわりかけて、電子レンジ（600W）で、1分10～20秒間加熱する。

今までのやり方

鍋でゆでて
中まで火を通す

ブロッコリーはフライパンで蒸す

ブロッコリーに含まれるビタミンCは、たっぷりのお湯でゆでるとその多くが流れ出してしまいます。ところが、ふたをしたフライパンで少量の水を使って蒸すと、ビタミンCの残存率はなんと96％！

色も鮮やかに仕上がり、歯ごたえもほどよく残って、おいしさもアップします。

フライパンに一口大に切ったブロッコリー１株分を敷き詰め、大さじ３の水を入れてふたをする。強火で２分間加熱し、火を止めて２分間おけばでき上がり。

今までのやり方

お湯でゆでる

レタスはお湯につける

レタスは、水につけてシャッキリさせるのが、これまでの常識。ところが50～55℃のお湯に2～3分つけておくと、水の分子が活発に動き始め、レタスにどんどん入り込むので、レタスはふっくら、歯ごたえも蘇ります。そのうえレタスの変色も防げるのです。常温の水と熱湯を同量合わせると、約50℃になります。

丸ごとでも、カットした状態でもOK。丸ごとの場合は、水を吸いやすいよう芯を切ってからお湯に入れる。引き上げたら水けを切り、新聞紙などに包み冷蔵室に入れておくと、1週間はもつ。

今までのやり方

水につけて
シャッキリさせる

ごぼうはアク抜きしない

ごぼうを切ったら酢水にさらしてアク抜きをする必要は全くありません。酢水につけると、ポリフェノール、カルシウム、アミノ酸などの成分が流出してしまうのです。また、皮の周辺にもうまみがたっぷりと含まれているので、皮はむかなくてもOK。

ごぼうは、泥だけ落として、そのまま使うのがベストです。

ごぼうは、ついている泥だけを取るつもりでたわしで軽く落とすようにする。

今までのやり方

皮をむいて、
酢水にさらす

なすはまずレンジ加熱

なすの組織はスポンジ状になっているため、油も味もぐんぐん吸収します。そのため、炒めているときに油を追加しがち。油を控えて味しみだけをよくするには、あらかじめ加熱しておくのがコツ。加熱によって身がしまり、スポンジの目が細かくなるため、短時間でも味がよりしみ込みやすくなるのです。

へたとお尻を切り落として耐熱容器に入れ、なす１本につき電子レンジ（600W）で１分間、ひっくり返して１分間加熱するだけ。

今までのやり方

生から焼き、
途中で油を足す

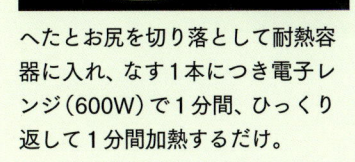

野菜はオーブン加熱すると味や食感が増すものが

白菜、にんじん、大根などの野菜は、そのまま使うよりも、オーブンで加熱してから使うのがおすすめ。野菜の中の水分が軽くとんで味が凝縮されるうえ、糖度やカリウムなどの栄養価も高まります。

また、オーブンで加熱すると、シャキシャキとした食感を保てる60〜80℃の温度帯をゆっくりと通過するため、歯ごたえもよくなります。

ざるなどに広げて1日天日干しをしても同様の効果が得られますが、オーブンだと干すよりも栄養価が高くなるうえ、10〜15分ほどで完成します。

白菜やキャベツなど結球野菜は1枚ずつはがして、にんじんや大根などは薄切りにして加熱、あとはいつもと同じように使ってください。

白菜は1枚ずつはがして

葉を1枚ずつはがして広げ、150℃に予熱したオーブンで10分間加熱する。こうするだけで、水分が軽くとんで葉がシャキッとなり、うまみが凝縮される。

にんじんは薄切りにして

5㎝長さに切ってから、繊維に沿って5㎜厚さの板状に切って並べ、150℃に予熱したオーブンで15分加熱。水分がとんで、甘みが増す。

今までのやり方

そのまま使う

干ししいたけは冷蔵室でもどす

干したきのこがおいしいのは、干すことで細胞が壊れるから。水でもどす際、酵素が細胞内のリボ核酸と出会いやすくなるので、加熱するときに、生のきのこより、うまみ成分が作られやすいのです。

ただし、もどす水の温度によっておいしさは変わります。10〜40℃のぬるま湯だと、うまみ成分が生まれると同時に、うまみ成分を破壊する酵素もできてしまいます。70℃以上の高温だと、うまみ成分自体が生み出されません。つまり、ぬるま湯や熱湯、電子レンジでもどすと、干ししいたけのうまみが生かされないのです。

水に入れて冷蔵室でもどせば、リボ核酸を維持しながらもどすことができ、加熱の際にうまみ成分が増えます。

＼ポイント／

切り分けると早くもどる

しいたけは水に入れて冷蔵室でもどす。丸のまま水もどしをすると24時間かかるが、1時間ほどたち包丁が入れられるようになったら食べやすく切り、さらに30分ほど冷蔵室に入れておくと、完全にもどる。最初から砕いてもどすと、形は悪いが1時間でもどる。

今までのやり方

水かぬるま湯でもどす

電子レンジでもどす

じゃがいもは低温貯蔵

じゃがいもは、低温で寝かせておくと、おいしく変身します。これは、じゃがいものでんぷんが酵素の働きで分解され、糖度が増す「低温糖化」という現象によるもの。温度0～4℃、湿度80～90％の環境で保存すると起こります。

家庭の冷蔵庫でも、この低温糖化と同様の効果が得られる保存法を紹介します。

今までのやり方
野菜室に入れる

1

じゃがいもを新聞紙で包む。

2

ポリ袋の中にぬれタオルを敷き、1を入れ、袋の口を縛る。

3

冷蔵庫のチルド室に入れる。

※品種は男爵かメークインが適しており、保存は最大1か月が目安。糖度が高くなっているので、そのまま揚げると焦げやすいが、でんぷんが減るため、煮ものにするとおいしい。

大根は部位で分ける

大根の先端部分では、たくさんの酵素が作られます。この酵素が辛さのもとであり、とくに皮のすぐ内側部分に集中しているため、先端と皮近くは辛みが強くなります。大根の甘みを生かしたい場合は、葉に近い大根の上の部分を使い、さらに中心部だけを使うと甘さが際立ちます。好みの大根おろしをご賞味ください。

今までのやり方
切ってそのまま使う

【激辛大根おろしのすり方】
大根の下の部分の外側を皮ごとすりおろす。すってから5分間おいておくとさらに激辛に。

【甘い大根おろしのすり方】
大根の上の部分の中心部のみをすりおろす。

青じそははさみで切る

青じその香り成分は、葉の裏側の表面に集中している、極小の粒に詰まっています。とても繊細でつぶれやすく、香りも揮発性のため、包丁で刻むと、香りが飛び、食べるときには、ほとんど消えてしまいます。そこで葉の柄を持ち、はさみを使って、葉裏を触らずに切れば、青じその香りを逃さず使えるのです。

今までのやり方
まとめて包丁で切る

1

2

なるべく葉に触れないよう柄の部分を持ち、はさみで縦に深く切り込みを入れる。そのあと、横にはさみを入れて切る。大きめに切ると、より香りを楽しめる。

パセリは加熱する

もじゃもじゃした日本品種のパセリは、口に入れるとゴワゴワで苦手な人が多いです。じつは苦みも甘みもイタリアンパセリとほぼ同じなのですが、このかたさの感覚が、脳に「まずい」と判断させています。この弱点を解消させるのが、「30秒加熱」。細胞膜が壊れ、やわらかく、みずみずしい食感が生まれます。

今までのやり方
生で添えものとして使う

1

2

フライパンを強火で1分間予熱したところにパセリの葉を入れてさっと炒め、ふたをして30秒加熱。油をひくと、さらにおいしく。こげつきには注意。

食材別索引

肉

魚介類

野菜

海藻類

卵

豆腐・大豆製品

ご飯・麺類・パン・ピザ・もち

鍋物・汁物

NHK「ガッテン！」番組制作

制作統括　斉藤 潤、新井智久
制作スタッフ　青柳由則、新井智久、飯野 滋、石井太郎、石井広行、井田彰彦、井上智広、宇野央康、大塚日菜子、大坪太郎、勝沢直樹、北 誠、木村春奈、小竹良弘、小林隆司、小山圭介、斉藤三佐子、榊原武彦、坂本 敬、佐藤 匠、白川裕之、真藤忠春、進藤之彦、菅 武二、隅田慶介、高橋 理、高山英男、武 友則、千代木太郎、筒井芳典、中森賢士、成田花緒里、西島昌子、林 貴子、原 良太朗、藤島恵介、藤本洋平、丸山優二、三角恭子、皆川信司、光原朋秀、村上洋介、森山めぐみ、柳瀬真保、山本高穂、吉田堅一、吉田拓也、渡瀬繭子

出版物制作スタッフ

デザイン・DTP　有限会社北路社（安食正之）
撮影　有賀 傑
撮影協力　今清水隆宏、榎本 修、岡田善博、奥谷 仁、久保田康夫、武井メグミ、田村昌裕、対馬一次、中川真理子、南雲保夫、根岸亮輔、原 務、三村健二、三好宣弘、安田 裕、渡辺七奈
料理再現　石川範子、新田亜素美、小林まさみ、舘野鏡子、ぬまたあづみ、林 幸子、渡辺あきこ
料理アシスタント　水嶋千恵
スタイリング　新田亜素美、石川美加子、大畑純子、岡田万喜代、高木ひろ子、舘野鏡子、禰宜田直子、深川あさり
栄養価計算　牧野直子
校正　株式会社鷗来堂
取材・文　篠原麻子、小石幸子
編集　高橋美帆、澤村尚生

NHKガッテン！
一生作り続けたい
わが家の基本おかず100

編　者　NHK科学・環境番組部、
主婦と生活社「NHKガッテン！」編集班
編集人　新井 晋
発行人　倉次辰男
発行所　株式会社 主婦と生活社
〒104-8357 東京都中央区京橋3-5-7
TEL 03-3563-5058（編集部）
TEL 03-3563-5121（販売部）
TEL 03-3563-5125（生産部）
http://www.shufu.co.jp
製版所　東京カラーフォト・プロセス株式会社
印刷所・製本所　大日本印刷株式会社

ISBN978-4-391-15041-4

レシピ協力（敬称略）

青柳禎一　中華徳大（P122～123）
石川範子（P126、P132～133）
ウー・ウェン　料理研究家（P76～77）
江崎新太郎　えさき（P47）
大西元年　元資生堂パーラー（P90～91）
大林準之助　築地玉寿司（P142）
奥田政行　アル・ケッチァーノ（P129）
片山耕一郎　辻調グループ／エコール 辻 東京（P104～105）
加藤道久　料理人（P16～17、P164～165）
川端敏雄　坂本屋（P74～75）
窪田好直　グリル満天星（P102～103）
コウケンテツ　料理研究家（P50春菊とたいとりんごのサラダ）
小林カツ代　料理研究家（P12～13）
近藤文夫　てんぷら近藤（P58～60）
近藤満尋　玉屋（P36～37）
髙橋義弘　瓢亭（P138～139）
舘野鏡子　料理研究家（P41、P173～179）
舘野雄二朗　みちば和食たて野（P44～45）
譚彦彬　赤坂璃宮（P121）
出倉弘子　食のよろず研究所（P56～57）
中川 優　中国料理 天外天（P118～119）
長坂松夫　長江SORAE（P24、P50～51春菊のあっさり炒め、P110～111、P120）
野﨑洋光　分とく山（P20～21、P33、P48、P69、P125まいたけご飯、P137ご飯の作り方、P154～155、P168～169）
蓮見 壽　手打ちうどん 寿庵（P135）
濱﨑龍一　リストランテ濱﨑（P130～131）
林 廣美　日本フードサービス専門学院（P62～63、P72～73）
林 幸子　料理研究家（P53、P106、P140～141）
水野仁輔　東京カリ～番長（P66～67）
村上祥子　料理研究家（P134）
メイコ・イワモト　料理研究家／ガッタイオーラドルチ（P148～152）
安川哲二　龍の子（P112～113）
柳原雅彦　すし独楽（P18～19、P26～31）
山本彩香　琉球料理家（P78～79）
脇屋友詞　Wakiya（P124～125まいたけのオイスターソース炒め）

皆さまからのお声、
お待ちしております。

メールでのご感想 大募集！

本書へのご意見・ご感想をぜひメールでお送りください。

アドレスは　**gatten@mb.shufu.co.jp**

主婦と生活社『NHKガッテン！』編集班では、メール会員を募集します（登録・会費無料）。会員になっていただいた方には、季刊誌『NHKガッテン！』の発売前情報のほか、弊社の食、健康ジャンルの出版物に関する情報をメールにてご案内します。ご応募は、本書に差し込まれたアンケートハガキでお願いします。

※編集部にお送りいただいた個人情報は、メールの発送および今後の編集企画の参考にのみ使用し、ほかの目的には使用いたしません。詳しくは当社のプライバシーポリシー（http://www.shufu.co.jp/privacy）をご覧ください。

※本書は当社刊行物『NHKためしてガッテン くり返し作りたいおかずの「超」基本』『NHKためしてガッテン 定番おかずの「超」基本』『NHKためしてガッテン 冷凍で節約 おかずの「超」基本』ならびに、雑誌『NHKガッテン！』（旧誌名『NHKためしてガッテン』）に掲載した記事を厳選し、さらに新しいレシピ・記事も加え、再編集したものです。
※本書の情報は2017年4月現在までのものです。